AUTISMO, FAMÍLIA E INCLUSÃO
DESAFIOS E POSSIBILIDADES

Editora Appris Ltda.
1.ª Edição - Copyright© 2023 dos autores
Direitos de Edição Reservados à Editora Appris Ltda.

Nenhuma parte desta obra poderá ser utilizada indevidamente, sem estar de acordo com a Lei nº 9.610/98. Se incorreções forem encontradas, serão de exclusiva responsabilidade de seus organizadores. Foi realizado o Depósito Legal na Fundação Biblioteca Nacional, de acordo com as Leis nos 10.994, de 14/12/2004, e 12.192, de 14/01/2010.

Catalogação na Fonte
Elaborado por: Josefina A. S. Guedes
Bibliotecária CRB 9/870

M838a
2023
	Moreira, Cristiane Gonçalves
	    Autismo, família e inclusão : desafios e possibilidades / Cristiane Gonçalves Moreira. – 1. ed. – Curitiba : Appris, 2023.
	    100 p. ; 21 cm.
	
	    Inclui referências.
	    ISBN 978-65-250-5059-1
	
	    1. Autismo. 2. Transtorno do espectro autista. I. Título. II. Série.
	
	                                              CDD – 616.85882

Livro de acordo com a normalização técnica da ABNT

Appris
editora

Editora e Livraria Appris Ltda.
Av. Manoel Ribas, 2265 – Mercês
Curitiba/PR – CEP: 80810-002
Tel. (41) 3156 - 4731
www.editoraappris.com.br

Printed in Brazil
Impresso no Brasil

Cristiane Gonçalves Moreira

AUTISMO, FAMÍLIA E INCLUSÃO
DESAFIOS E POSSIBILIDADES

FICHA TÉCNICA

EDITORIAL	Augusto V. de A. Coelho
	Sara C. de Andrade Coelho
COMITÊ EDITORIAL	Marli Caetano
	Andréa Barbosa Gouveia - UFPR
	Edmeire C. Pereira - UFPR
	Iraneide da Silva - UFC
	Jacques de Lima Ferreira - UP
SUPERVISOR DA PRODUÇÃO	Renata Cristina Lopes Miccelli
PRODUÇÃO EDITORIAL	Jibril Keddeh
REVISÃO	Daniela Aparecida Mandú Neves
DIAGRAMAÇÃO	Andrezza Libel
CAPA	Sheila Alves

Léo,

*Meu anjo azul, meu filho, que nos faz sonhar, acreditar que existe a esperança
por um mundo melhor.
Por ti chorei incontáveis vezes, muitas por me sentir triste, outras por
felicidade, por tuas grandes conquistas e superações.
Por tuas jornadas únicas e desafiadoras que nos ensinaram o verdadeiro
significado do amor, paciência e compreensão.
Você nos ensinou a superar "quaisquer" obstáculos.
Tens o dom de fazer felizes as pessoas que te cercam. Tua paz, tranquilidade,
tua pureza, teu sorriso. Ahhh! Teu sorriso faz um bem enorme a todos que são
presenteados por ele.
Sei que temos muito mais a aprender do que ensinar contigo.
Com você, todos os dias é um grande aprendizado.
Por você, a esperança percorre nossas veias e enche nossos corações de amor e
orgulho de ter você por perto.*

Te amamos muito, meu filho.

AGRADECIMENTOS

Agradeço a toda minha família, em especial ao meu esposo e aos meus filhos, pois sem o apoio deles não teria me aventurado a escrever um livro, já que não me considero uma escritora, apenas uma mãe procurando explicar um tema complexo que ainda precisa de muito conhecimento.

Agradeço às pessoas que me incentivaram a realizar esse sonho. Em especial, àquelas que acreditaram em mim, retirando a trava da insegurança, me ajudando a dar a partida para esse passo tão importante.

Com o coração repleto de gratidão, serei eternamente grata por ter ao meu lado duas pessoas especiais: minha cunhada, prof.ª Laura, e amiga, prof.ª Vera, que me orientaram, aconselharam, revisaram incansavelmente cada palavra deste livro. Neste caminho, não posso deixar de mencionar meus queridos sogros, Floriano e Edi, cujo apoio constante e incentivo caloroso se revelaram alicerces fundamentais para a conclusão deste trabalho, tornando possível o cumprimento deste sonho.

Sem todo esse carinho, não teria conseguido!

Gratidão!

PREFÁCIO

Este livro registra as memórias e os aprendizados de uma mãe diante do diagnóstico de autismo do primeiro filho, Leonardo, que há 16 anos tem ensinado a encarar bravamente a vida e os seus desafios movida pela força do amor.

É importante ressaltar que esta obra não tem intenção de abordar os assuntos relacionados à natureza médica, psicológica e pedagógica com precisão científica ou acadêmica. Seu propósito principal é compartilhar experiências pessoais e familiares com outras mães, pais, profissionais e todos aqueles que desejam compreender o universo do autismo.

Cada capítulo é uma janela para as memórias e os aprendizados desta jornada singular, seguindo a ordem cronológica dos acontecimentos. O relato mergulhou desde a gestação até o momento crucial do diagnóstico de "autismo", revelando momentos de dor, angústia, mas também de alegrias, vitórias e aprendizados.

Nas páginas que se seguem, convido você a mergulhar nessa história de superação e descoberta. Compartilho a esperança de que este livro possa fornecer apoio, inspiração e um maior entendimento sobre o autismo, enriquecendo a vida de quem o ler e abrindo caminhos para uma sociedade mais inclusiva e acolhedora.

Ana Elisa Pacheco
Mãe de autista. Presidente da Associação Janelinha para o Mundo/Bagé (RS)

APRESENTAÇÃO

Nestes mais de 16 anos de história, que iniciaram com a gestação do meu filho com autismo, vivências e aprendizados foram, e são, uma constante. Entre erros e acertos, tombos e conquistas, percebi que era chegado o momento de escrever parte dessa trajetória que tem como maior protagonista o Leonardo, muitas vezes chamado de Léo ao longo deste livro.

Quando nossa família recebeu o diagnóstico de autismo do Léo, para além do impacto inicial, percebemos a enorme necessidade de buscar informações, estudos e caminhos sobre o tema. Portanto, a construção deste livro vem acompanhada também de referências de estudos e aprendizados sobre o Transtorno do Espectro Autista (TEA), com a intenção de tratar o assunto de forma compreensível e fidedigna. Aspectos como o conceito de autismo, seus indicadores e características; o processo de diagnóstico, ou melhor, os papéis das equipes multiprofissionais; a trajetória escolar e os percalços da inclusão social e educacional, assim como as barreiras do preconceito se entrelaçam na escrita desta obra.

No sentido de abordar sobre a importância das experiências familiares, mas também dos aprendizados sobre o autismo, este livro foi organizado mediante cinco capítulos que vão desde a gestação, o nascimento, os primeiros anos de Leonardo, tentando tecer as vivências e os desafios desta primeira etapa, que vem assentada, também, nas buscas iniciais sobre conhecer o TEA. O processo de socialização, as inúmeras terapias, a chegada do irmão e a vida escolar estão postas principalmente nos capítulos 1 e 2. Temas como a inclusão social e escolar, mesmo que didaticamente escritos no capítulo 3 são princípios que perpassam o livro todo. Para enfatizar o período mais vivenciado com e pelo Leonardo, ressalto aspectos como as descobertas e as superações.

O desejo é de que os leitores possam conhecer mais sobre o autismo, entrar no universo de uma família, de uma mãe de filho autista e, quiçá, compreender o quanto a diversidade pode enriquecer o ser humano.

SUMÁRIO

CAPÍTULO 1
A CHEGADA DO LEONARDO: REUNINDO MEMÓRIAS 15

1.1. Os Primeiros anos...20

1.2. O diagnóstico de Autismo...21

1.3. A família e seus impactos..24

1.4. A chegada do irmão...26

CAPÍTULO 2
CONSIDERAÇÕES SOBRE O TRANSTORNO DO ESPECTRO AUTISTA – TEA 31

2.1. Conceitos e caracterizações 31

2.2. Caminhos para aprendizagem e socialização.............................39

2.3. Comunicação e linguagem no autismo...46

2.4. A família frente ao preconceito e a discriminação 48

CAPÍTULO 3
A TRAJETÓRIA EDUCACIONAL.. 57

3.1. Autismo e Educação Inclusiva 57

3.2. Ingresso na educação infantil 60

3.3. A chegada no Ensino Fundamental..64

3.4. Estratégias pedagógicas e sociais...68

3.5. Mediadores e profissionais especializados 73

3.6. Os impactos da Pandemia...77

CAPÍTULO 4
CRESCIMENTO PESSOAL E TRANSFORMAÇÃO 85

4.1. Descobertas e Superações: Uma Jornada de Surpresas.............85

4.2. Retrato da Situação atual e Progresso Alcançado.......................89

CAPÍTULO 5
PALAVRAS DOS CORAÇÕES AUTISTAS: O QUE LEONARDO E
EU (MÃE) GOSTARÍAMOS QUE VOCÊ SOUBESSE.............................. 93

REFERÊNCIAS 97

Capítulo 1

A CHEGADA DO LEONARDO: REUNINDO MEMÓRIAS

Todo jardim começa com uma história de amor, antes que qualquer árvore seja plantada é preciso que ela tenha nascido dentro da alma.
Quem não planta jardim por dentro, não planta jardins por fora e nem passeia por eles.
(Rubens Alves)

Relembrar e escrever sobre as memórias do nascimento de um filho, geralmente, nos levará a revisitar a gravidez, as circunstâncias dessa decisão e/ou do impacto de sua descoberta. Os sentimentos que foram despertados na escrita deste capítulo passam por esses momentos. Apesar das singularidades, afinal cada um tem a sua história, penso que em muitas passagens a "minha história" pode se parecer com a de inúmeras mães.

Descrevo aqui passagens sobre a gravidez e o nascimento do Léo, que também chamarei de Leonardo no texto. Depois do casamento de dez anos, Eduardo (meu esposo) e eu decidimos que era chegada a hora de aumentar nossa família. A notícia do nosso positivo nos fez sentir grávidos e imensamente felizes, e, como "bons planejadores", realizamos o que manda o protocolo: fui ao médico, busquei uma alimentação saudável, realizei exercícios para gestantes...

Aos poucos, fomos programando o quarto do bebê, as roupinhas, o carrinho, enfim, o básico para a chegada de um filho. As semanas foram passando e a felicidade elevava-se, sobretudo diante da barriga que crescia. Penso que as primeiras sensações de ser mãe se deram ao ver, no espelho, meu corpo transformando-se, experimentando significativas alterações físicas e revelando que crescia, dentro de mim, um sentimento único que é o amor por um filho.

Eduardo e eu ficávamos imaginando se seria menino ou menina, como seria seu rosto, se falaria papai ou mamãe pela primeira vez, como se daria seus primeiros passos, do que gostaria de brincar, com quem seria mais parecido mas, o que nos importava mesmo é que tivesse saúde.

Com o início das 24 semanas de gestação, comecei a sentir-me estranha. Alguma coisa estava acontecendo, inchava muito e a pressão, que sempre foi baixa, começou a ficar alta. Nos preocupamos e marcamos uma consulta médica. Após um longo e minucioso exame físico (por insistência do Eduardo), constatou-se a possibilidade de "pré-eclâmpsia", na sequência vários exames foram solicitados. As pesquisas que realizamos apontavam para uma gravidez de alto risco, pois pré-eclâmpsia é uma complicação perigosa caracterizada pela pressão arterial elevada, podendo incidir em complicações graves e, até mesmo, fatais para a mãe e seu bebê.

Lembro de várias situações em que minhas pernas e pés inchavam a ponto de não poder movê-los nem identificar onde estava meu tornozelo, tudo se tornava uma coisa só. Sentia tantas dores nas pernas e principalmente nos pés, as quais resultaram várias cicatrizes, porque a pele esticou tanto que começou a rasgar.

No dia 26 de janeiro do ano 2007, amanheci muito inchada e sentindo uma forte dor latejante na nuca, como tinha vários compromissos profissionais, então me dirigi ao trabalho, todavia, o desconforto e a dor eram tão grandes que voltei para casa. Minha família estava muito apreensiva com meu estado de saúde, naquela época morávamos no mesmo prédio que meus sogros e, justo naquela noite, meu esposo e sogro estavam viajando a trabalho. Antes de me recolher ao apartamento que residia, minha sogra iniciou um monitoramento intensivo de minha pressão, que subia assustadoramente a cada medição. Diante dessa situação, fui hospitalizada às pressas, visto que o quadro de pré-eclâmpsia estava se agravando rapidamente.

O medo tomava conta do meu corpo, da minha mente, o desespero de perder meu filho era enorme, afora o grande risco que minha vida corria naquele momento. Muitos pensamentos desesperadores viam a mente. Diante desse quadro, o monitoramento e os exames foram uma constante no hospital, cinco dias depois, ou seja, no dia 2 de fevereiro de 2007 foi constatado que o parto deveria ocorrer imediatamente, pois eu e o bebê estávamos em sério risco de morte. Fui, então, transferida, com urgência para outro hospital com equipe especializada em situações semelhantes, sala de cirurgia equipada e UTI Neonatal.

Era chegada a hora de ser preparada para o parto, em pensamento me despedi de Eduardo, temia não retornar.

Quando iniciou a cesariana, o médico que estava ao meu lado comentou, para aliviar minha tensão: "quando bebês muito pequenos nascem, geralmente não choram, não se preocupe se não ouvir seu filho chorar ao nascer". Ao sentir que Leonardo havia nascido, escutei uma resmungada e chorei aliviada, praticamente não o vi, trocamos um olhar rapidamente. O mesmo "resmungo" Leonardo deu quando a pediatra o apresentou à família e aos amigos antes de seguir para a UTI neonatal.

Leonardo chegou ao mundo às 17h31min., depois de seis meses de gestação. Nasceu "enorme", com 950 gramas e 35,5cm. Permaneceu 53 dias na UTI, período difícil enfrentado, de forma bastante intensa, por toda a família.

Léo era pequeno, tanto que era conhecido no hospital como o GIGANTE. E, apesar dos inúmeros fios que ligavam seu corpo a equipamentos que monitoravam sua frequência respiratória e cardíaca, seu "cheirinho" (O2), da sonda, e das muitas transfusões de sangue, ele se manteve forte.

Quanto a sua alimentação, foi ministrado que deveria receber apenas 2 ml de leite a cada duas horas. Na manhã seguinte ao nascimento do Leonardo, recebi a visita da pediatra responsável pela UTI Neonatal, que me orientou o quanto o leite materno poderia colaborar para sua sobrevivência e que eu deveria fazer todos os procedimentos indicados para estimular a produção de leite materno. As palavras da médica me atingiram profundamente e comecei a realizar tudo que foi indicado. Felizmente, as "gotas" chegaram e meu leite materno foi se tornando mais abundante. Vivenciei uma felicidade enorme acompanhando seu desenvolvimento, apesar dos incontáveis momentos apreensivos.

No dia 6, quatro dias após o parto, recebi alta do hospital e esse momento foi extremamente doloroso na minha vida. Deixar o Leonardo na UTI e ter que retornar para casa de mãos vazias fez com que uma sensação de impotência tomasse conta da minha realidade. Mesmo com o grande apoio familiar recebido, fui tomada por um sentimento de culpa e hoje tenho consciência que esse momento deve ter sido vivenciado por muitas outras mães. Pensava que se tivesse percebido antes o que estava acontecendo, se tivesse contado com suporte médico mais acurado, com outro tipo de orientação, talvez nada disso tivesse ocorrido. A complexidade da culpa que uma mãe sofre após passar por um parto prematuro é intensa e profunda. Essa culpa se origina de um pensamento de que uma mãe precisa ter toda atenção e cuidados durante a gestação, garantindo saúde e bem-estar a ela e ao bebê. Quando as circunstâncias fogem ao controle, no caso de uma pré-eclâmpsia, a sensação de ter falhado e não ter reconhecido os sinais precocemente se intensificam, surgindo questionamentos sobre o que poderia ter feito para que não ocorresse esse desfecho.

Figura 1– Léo na UTI – Neonatal

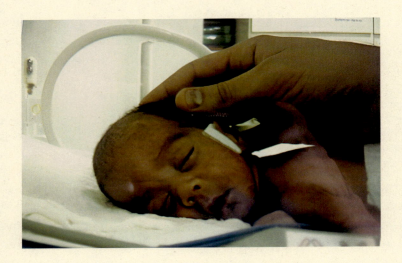

Fonte: acervo pessoal da autora

Diariamente levávamos sustos com ocorrências típicas de bebês prematuros, como apneia e displasia broncopulmonar, alguns dos eventos pelos quais Léo passou durante sua estadia na UTI Neonatal.

Uma lembrança que carrego comigo até hoje, e creio que dificilmente irei esquecer, foi o momento em que vimos nosso filho pela primeira vez após o parto. Exatamente naquele momento, nessa primeira visita à UTI, os aparelhos ligados ao seu corpo começaram a disparar e o som me parecia assustador, como se fosse um indício de que alguma coisa ruim estivesse acontecendo. Pensamentos ruins começaram a sobrevoar nossa cabeça.

Quando olhamos para Leonardo e percebemos que realmente estava acontecendo algo, entramos em uma espécie de pânico, pavor, insegurança, medo, uma mescla de sentimento que tomaram conta de nossos corpos. Vimos, naquele momento, que Leonardo havia parado de respirar, mas de repente, com uma velocidade incrível, duas enfermeiras reverteram o quadro com alguns tapinhas de leve no bumbum do nosso bebê. Com essa atitude simples, ele voltou a respirar.

Soubemos, então, que quando Leonardo dormiu, seu cérebro, que ainda não havia amadurecido totalmente, esqueceu de mandar o comando para que ele continuasse respirando, e essa parada respiratória é chamada de apneia.

Finalmente a hora de levarmos nosso filho para casa chegou, depois de 53 longos e exaustivos dias na UTI. Esse foi um dia de sentimentos fortes e contraditórios, fomos tomados por uma incrível felicidade e, ao mesmo tempo, por preocupação, medo, insegurança, angústia e ansiedade. Naquele momento, ele estava com 2060 g, ainda muito pequeno, mas forte.

As primeiras noites foram difíceis, para aliviar as preocupações com novos episódios de apneia, monitorávamos ele constantemente. Com o passar do tempo, Léo foi crescendo e, nesse percurso, passou por muitas sessões de fisioterapia, recurso de extrema importância em relação à prematuridade, auxiliando nas aquisições motoras e minimizando os fatores que possam interferir em seu desenvolvimento motor.

Entre a alta no hospital, com tantas incertezas e preocupações, nosso filho demonstrou que era forte, conseguindo superar cada obstáculo que surgiu no seu caminho.

À medida que os meses passavam, seu progresso foi se efetivando e, com a chegada de seu primeiro aniversário, vibrantemente festejamos sua vida e os desafios superados. Nossas angustias e receios estavam se atenuando.

1.1. Os Primeiros anos

Léo era uma criança linda, quietinha, não chorava e ficava onde o colocávamos, olhando desenhos ou brincando de forma peculiar. Ficava encantado com as luzes e os barulhos dos brinquedos, tinha um interesse intenso, por exemplo, pelo ventilador de teto, ficava olhando muito tempo só para cima, acompanhando o ventilador mover-se em círculos.

Começou a caminhar com 1 ano e 2 meses, pulando a fase do engatinhar, mas não expressava sinais concretos com relação à fala. Quando queria alguma coisa, pegava em nossa mão e nos levava até o objetivo, nos usando como instrumento para conseguir o que queria, não precisando usar a linguagem falada. Esses comportamentos nos intrigavam, mas, ao mesmo tempo, atribuíamos a dificuldade a sua prematuridade e a todos os processos que dela decorreram. Acreditávamos que ele recuperaria essa diferença com o tempo.

Uma das maiores tristezas que senti naquela época era, ao sair para passear, caminhar pelas praças, ouvir crianças menores do que o Leozinho falando PAPAI, MAMÃE ou, até mesmo, pequenas frases simples. Isso nos deixava pensativos e angustiados, uma vez que ele não falava nem uma palavra, só gritava.

Ao se aproximar dos dois anos, a percepção de que algo estava errado foi ficando mais acentuada, sobretudo porque Léo apresentava atraso significativo na linguagem associado a comportamentos atípicos. Resisti em acreditar que havia algo errado mesmo diante das inúmeras vezes que Eduardo conversava comigo sobre os comportamentos de Leonardo e a comparação dele com outras crianças da mesma idade. Foi difícil me dar conta de que era necessário investigar o que estava ocorrendo. Não aceitava comparações, alertas eram compreendidos com críticas. Era como se tivesse vestido uma armadura, tinha certeza de que precisava defendê-lo de críticas.

De repente, uma luz acendeu em minha cabeça, mostrando-me um sinal de alerta aos poucos fui aceitando a ideia de que realmente havia algo errado. Passei a considerar estranho, por exemplo, o fato de Léo ficar muito tempo sentado em um mesmo local, o cantinho da sacada do apartamento, com seu caminhão de brinquedo virado de cabeça para baixo, girando as rodas de uma forma peculiar. Ou ainda, brincar sempre enfileirando seus brinquedos.

Sem falar nada para ninguém, guardei essa angústia e fui sendo tomada por uma tristeza profunda, junto com a certeza de que deveríamos procurar ajuda. Quando criei forças, conversei com o Eduardo sobre suas preocupações e o quanto era necessário observar o que estava acontecendo com outro olhar. Era preciso buscar respostas do porquê Leonardo parecia não nos ouvir quando o chamávamos, não nos atendia nem nos olhava.

Hoje sabemos que, na realidade, aqueles eram momentos de ausência. Assim como o não aparecimento da fala nos primeiros anos de vida era um alerta importante, uma vez que pode estar associado a um ponto crucial do espectro do autismo, que é a dificuldade de usar a linguagem para se comunicar.

1.2. O diagnóstico de Autismo

O caminho que fizemos para compreender o que estava acontecendo foi, primeiramente, conversar de forma mais detalhada com a pediatra sobre o desenvolvimento do Leonardo. Na sequência, ela nos encaminhou para uma neuropediatra que solicitou vários exames, entre eles um exame de audição completo.

A espera pelo laudo foi mais um momento difícil e quando ficou pronto, a médica solicitou que os pais se dirigissem até o consultório juntos. Como meu esposo estava viajando à trabalho, não aceitei esperar seu retorno para saber o resultado, afinal, se meu filho tivesse algum problema, eu precisava saber logo para poder tomar as medidas necessárias para agir. Saí de casa nervosa, vestindo minha armadura para enfrentar a situação e chegando lá fui recebida com rispidez pela médica, já que não havia atendido a sua orientação. Foi nesse momento que fiquei sabendo que todos os exames (audição, eletroencefalograma, tomografia etc.) tiveram bons resultados, o que me deixou muito feliz e aliviada, baixando a guarda, mas não entendendo o porquê de tanto suspense.

A neuropediatra principiou dizendo que a notícia que teria que dar seria forte e que, nesses casos, gostaria de que o casal estivesse presente para receber o diagnóstico. Mesmo assim, insisti para que ela falasse e ela concordou, deixando claro que quando o pai retornasse de viagem gostaria de conversar conosco, para nos auxiliar, aconselhar e encaminhar para especialistas que poderiam trabalhar com o Leonardo.

Fiquei cada vez mais inquieta e pensativa sobre o assunto, tentando imaginar o que ela teria para comunicar. O que seria? Que problema tão grave era esse? Vi sumirem, como uma nuvem de fumaça, a felicidade e o alívio que senti inicialmente ao saber os resultados dos exames, e regressei ao sentimento anterior, de medo, que sentia quando cheguei à clínica.

Finalmente, depois de tanto suspense, ela comunicou que o Leonardo se encontrava dentro do Transtorno do Espectro Autista. Meu filho era AUTISTA! Fui bombardeada com pensamentos negativos que explodiram em minha cabeça; abaixo dos meus pés, abriu-se um buraco enorme, escuro, e me vi caindo nesse abismo.

Lembro de olhar para a médica, que continuava a falar, mas eu não a escutava, só via seus lábios se mexerem. A palavra AUTISMO havia tomado conta de mim. Não sabia o que era, nunca tinha lido ou ouvido falar sobre esse tema, entendia, após tanto suspense, que se tratava de algo grave, além de ser algo novo para mim e também para meu esposo. Estava muito confusa, atordoada e assustada. Entrei em pânico e não sabia o que fazer.

Minha cabeça dava voltas e voltas, e do nada comecei a recordar um filme que havia visto alguns anos antes. O nome do filme é *Rain Man*, ele conta a relação de dois irmãos e um deles, o mais velho, se comportava diferente do seu irmão caçula. Fiquei totalmente sem chão quando recebi o diagnóstico da neuropediatra. Naquele dia, após receber o laudo, não conseguia pensar, raciocinar, não tinha ideia do que fazer ou para onde ir. Fiquei totalmente desorientada, descontrolada e só chorava. Saí da clínica sem saber o rumo que tomaria, não sentia para onde minhas pernas estavam me levando, me encontrava fora de mim.

Em um momento de lucidez, comecei a pensar que precisava de respostas, pois minha cabeça era um ponto de interrogação gigante. Como ocorreu isso? Por que ninguém falou nada se era assistido por especialistas da área da saúde? Será que nem eles tinham conhecimento do que era autismo?

Com os pés no chão novamente e como se fosse um leão em fúria à procura de respostas, contatei os profissionais que atendiam Leonardo desde seu nascimento até o momento. Questionei se haviam notado algo de diferente no desenvolvimento e em seu comportamento: por que não nos avisaram ou comentaram anteriormente de qualquer suspeita do diagnóstico que estávamos recebendo? O resultado das conversas com esses profissionais foi um jogo de empurra-empurra, o que me deixou mais furiosa e perdida.

Depois dessa busca por respostas que não obtive, a culpa que sentia dentro do meu peito cresceu ainda mais. Como não percebi que tinha algo de errado? Como pude ter ficado tão cega acreditado em contos de fadas, achado que estava tudo bem?

Novamente estava experimentando a sensação de que devemos estar sempre preparados, pois a vida vai nos colocar à prova a qualquer momento.

O nervosismo elevou-se mais pelo fato de não saber como comunicar o diagnóstico ao pai, que estava viajando a trabalho. Foi muito triste e doloroso ter que dar uma notícia assim por telefone e contar que Leonardo tinha TEA. Como fica a cabeça de um pai ao receber tal notícia tão distante de casa e ainda tendo um trabalho por finalizar? Essa pergunta me acompanhou nas horas seguintes.

Meu esposo mergulhou em várias pesquisas e artigos sobre autismo, procurando entender o que o filho tinha. Lembro como se fosse hoje quando retornou para casa e contou que havia passado a noite em claro pesquisando sobre o tema, procurando tirar todas as dúvidas e aprendendo tudo o que podia sobre autismo. O que é autismo? Quais suas causas? Após conhecer o diagnóstico, devemos iniciar o tratamento o mais breve possível? Qual seria o tratamento? Autismo tem cura? Quais profissionais devemos procurar? Qual o caminho que devemos seguir? Essas foram algumas, entre tantas outras questões que surgiam em seu pensamento.

É importante salientar que o diagnóstico de autismo é clínico, ou seja, depende da observação e do relato que a família faz do comportamento da criança e também de o médico ouvir as queixas da família por meio da anamnese (uma análise da história da criança). Esse diagnóstico, no caso de crianças e adolescentes, deve ser realizado por profissionais da saúde mental infantil.

A identificação precoce do TEA é muito importante para minimizar o sofrimento da família e permitir que os profissionais de saúde que trabalham com o autista fiquem mais vigilantes. Outra vantagem do diagnóstico precoce é saber qual o grau de severidade do caso, fator fundamental na definição de tratamentos e na redução, ou até eliminação, de prejuízos.

Desde o momento que descobrimos que Leonardo estava dentro do espectro autista, tenho me empenhado em estudar e aprofundar meus conhecimentos sobre o assunto. O TEA é um tema amplo, complexo, com estradas distintas a percorrer e caminhos ainda por serem descobertos. Acredito que aprofundar o conhecimento sobre a questão permitirá que eu auxilie meu filho a se desenvolver mais plenamente, vivendo com o máximo de autonomia e independência.

1.3. A família e seus impactos

Passados alguns dias de tristeza e choro, sem dormir, conversar, me alimentar direito, mergulhada em uma confusão de pensamentos, lembrei do filme que surgiu em minha cabeça quando recebi o diagnóstico. E o assisti novamente depois de anos, procurando estar atenta, como se procurasse pistas que me ajudassem a entender melhor o que estava acontecendo e porque motivo, afinal, lembrei desse filme no exato momento em que a neuropediatra apresentava o laudo médico.

Para minha surpresa, o filme se tratava de autismo. Percebi que, como não tinha conhecimento sobre autismo na época em que assisti ao filme, seu tema me passou despercebido. Na segunda vez que via o filme, o que prendeu minha atenção foi o comportamento do personagem, seus gestos, sua fala, suas dificuldades, o que esclareceu algumas dúvidas, mas, ao mesmo tempo, me deixou preocupada.

A primeira fase do recebimento do laudo foi tomada uma espécie de luto e é importante que os pais sejam compreendidos sem julgamentos, não associando que essa dor inicial pode significar que a criança está sendo renegada por sua família. Os pais estão vivenciando um período de dor, lidando com os sonhos e expectativas frustradas. O certo é que temos direito sim de chorar e viver a tristeza pelo momento que estamos passando. Essa fase difícil aos poucos passará, dando origem a uma nova etapa, a de organizar os pensamentos. E quando menos se espera, já estaremos outra vez criando novos sonhos e expectativas, resultando em um novo caminho a ser traçado.

A família pode ter várias reações nesse momento, em que a negação é a mais frequente, segundo relatos que já ouvimos de outros pais. Negar-se a reconhecer e admitir que algo está diferente é uma defesa temporária que, pouco a pouco, poderá ser convertida para uma aceitação. No meu caso, que não aceitava o diagnóstico, visto que me sentia culpada por todo esse sofrimento, pensava que se tivesse conseguido segurar por mais tempo minha gestação ou se tivesse um olhar mais acurado do profissional que estava me acompanhando, talvez pudesse evitar que meu filho passasse por tudo que passou e aí sua história poderia ter sido outra.

Um ponto muito importante e que merece atenção é que para além da criança com autismo, a família com um todo precisará de ajuda, de um olhar especial. Os cuidados com a saúde mental são fundamentais para que os estresses emocionais não sejam disparadores de problemas mais sérios, como a depressão.

O diagnóstico de TEA provoca uma mudança profunda, do dia para a noite, na vida de uma família, escolhemos seguir em frente na busca de estratégias, de novos planos, não desistimos da felicidade!

1.4. A chegada do irmão

Com o passar dos anos, tínhamos o desejo de ampliar a família, mas, obviamente, as incertezas se faziam presentes. Comecei a imaginar como seria ter mais um filho ou uma filha e o quanto seria importante para todos nós e, claramente, para o Léo ter um irmão, uma irmã.

O tema do autismo se tornou um dos assuntos mais frequentes que escutei em minha segunda gestação. E a principal pergunta que sempre escutava era: você não tem medo de que o bebê nasça com autismo como o irmão? Por incrível que pareça, essa pergunta não me incomodava nem um pouco, respondia com muita segurança e tranquilidade que não.

Depois que Leonardo nasceu, descobrimos que se eu ficasse grávida novamente, correria o risco de ter pré-eclâmpsia, porém o desejo de aumentar a família era maior. Engravidei cercada de muitos cuidados, porém, devido aos sintomas iniciais de pré-eclâmpsia, aos sete meses de gestação, pesando 1,420kg, nasceu o Lorenzo. Nasceu sem intercorrências, porém necessitou ficar 40 dias na UTI Neonatal para ganhar peso.

Lolô, como o chamamos, é um menino amoroso, de personalidade forte e determinado que, desde pequeno, tem demonstrado ser um companheiro leal e admirador do seu irmão Leonardo.

Figura 2 – Afeto, carinho e amizade entre irmãos

Fonte: acervo pessoal da autora

Com a chegada de um irmão e, enfim, de outra pessoa morando em casa, Leonardo começou a se comportar de forma diferente. No início, era como se nada tivesse mudado, mas depois de algum tempo, ele começou a se interessar por aquele pequeno bebê que, em sua cabeça, surgiu do nada e agora estava sempre presente em casa. Aos poucos, foi se aproximando e se interessando pelo membro mais novo que apareceu na família.

Quando estava grávida, conversava muito com o Leonardo, explicando o que estava acontecendo, por que minha barriga crescia tanto e que dentro estava um bebezinho que seria seu irmão. Procurei antecipar tudo que ocorreria naqueles meses. Nem sempre é fácil comunicar acontecimentos novos para uma pessoa que está no espectro autista, e a tarefa poderá ser desafiadora, já que autistas vivenciam o mundo de forma diferente. Devemos ter em mente que a forma como entendemos as coisas não é compreendida da mesma forma na cabeça de um autista.

Eu acreditava que Leonardo tinha entendido a explicação sobre ter mais um integrante em nossa família e estava ansiosa para saber qual seria sua reação quando visse, pela primeira vez, seu irmãozinho. Registro aqui que os autistas precisam ver o que está sendo explicado e, como Leonardo não via o bebê, não armazenava a informação.

Quando chegou o dia do irmão ter alta da UTI, Léo foi junto para buscá-lo e foi emocionante apresentar para ele o irmão Lorenzo. Naquele momento, Leonardo compreendeu que tinha algo de diferente em nossa vida, apesar de sua cabecinha estar um pouco confusa.

Em casa, nos primeiros dias, o irmão passava despercebido, porém, com o tempo, seu interesse pelo bebê foi se intensificando. O choro era uma das coisas que mais incomodava, por isso Leonardo sempre aparecia nesse momento para acalmar o irmão e ficava bastante feliz quando o choro parava. Também manifestava interesse em ver trocar fralda, dar banho, colocar roupa, ver o irmão dormir... Enfim, Léo gostava de estar presente em todos os momentos de cuidados e atenção com o irmão.

O resultado da participação do Léo nas rotinas do Lorenzo foi a construção de uma linda cumplicidade entre os dois. É notório o quanto Lorenzo ajudou a resgatar Leonardo para junto de nós. Claro que frequentemente é difícil fazer com que Léo participe das atividades que o irmão organiza, seja ela jogar, assistir a um filme ou fazer uma brincadeira, porque ele quer ficar isolado em seu mundo. Mas Lorenzo não desiste, pois o que mais importa é que ele e o irmão estejam juntos.

Às vezes, pensamos que essa insistência é demais para ambos, pois Lorenzo sofre com a negação do irmão e Leonardo se irrita com a presença e a obstinação do Lorenzo em fazer algo que ele não queira. Porém, notamos que essa insistência é significativa, pois várias vezes Léo acaba cedendo, para a alegria do irmão pequeno. Por mais que seja só por alguns minutos, essa atitude do mais velho representa, para nós, um triunfo.

Capítulo 2

CONSIDERAÇÕES SOBRE O TRANSTORNO DO ESPECTRO AUTISTA – TEA

2.1. Conceitos e caracterizações

Os autistas são como as borboletas, o processo da metamorfose.
Seja lento ou acelerado, não altera sua beleza. Eles não se
restringem, voam livres, leves e soltos. Sim, são diferentes dos
outros, possuem o seu próprio voo.
(Letícia Butterfield)

O principal objetivo deste capítulo é compartilhar parte de conhecimentos adquiridos ao longo desses 16 anos de acertos, erros e muito estudo. Não almejo aprofundar-me nesse tema tão complexo, uma vez que permaneço em constante busca de mais conhecimentos.

O Transtorno do Espectro Autista (TEA), ou simplesmente autismo, é um transtorno do neurodesenvolvimento caracterizado por desenvolvimento atípico, ou seja, uma condição relacionada ao desenvolvimento do cérebro que causa prejuízos em algumas áreas, como socialização, comunicação e comportamento. O autismo é uma condição permanente, portanto, que acompanhará a pessoa pela vida. Ninguém se transforma em autista devido a um componente ambiental externo depois do nascimento. O autismo não é contagioso! Ninguém pega autismo se aproximando de uma pessoa com TEA.

Outro elemento fundamental para compreender esse transtorno é a definição de "espectro", que remete a uma conclusão muito importante: NENHUM AUTISTA É IGUAL AO OUTRO! Cada caso é um caso, isso quer dizer que as pessoas apresentam uma ampla variedade de sinais e sintomas diferentes. O espectro mostra as enormes diferenças do autismo em cada pessoa. Há crianças com o mesmo diagnóstico, mas com características muito distintas e níveis igualmente distintos (leve, moderado ou grave). Tais comportamentos podem variar quanto ao grau de acometimento, em que algumas crianças conseguem fazer a maioria das atividades do dia a dia sem precisar de ajuda, enquanto outras precisam de apoio até mesmo em tarefas consideradas mais simples.

Conforme o DSM V (2013), os graus de autismo estão divididos em Nível 1 de suporte (grau leve), Nível 2 de suporte (grau moderado) e Nível 3 de suporte (severo).

O grau mais leve é aquele em que os sintomas apresentam poucos prejuízos para a vida da criança. Ela não consegue se comunicar com eficiência, apresenta dificuldade para iniciar uma interação social e precisa de pouco apoio. Já no grau moderado, a criança vai necessitar de mais apoio e muita intervenção. Ela tem um prejuízo social mais aparente e, mesmo com apoio, tem dificuldade de interagir socialmente, tendo necessidade de um suporte ou empurrãozinho. No grau mais severo, a criança precisa de muito apoio, apresenta extrema dificuldade no comportamento, com uma dificuldade ainda maior de interação e necessitará de um adulto à sua disposição.

Um grande problema em iniciar um tratamento no autismo se dá pela demora em identificar os sintomas, o que acarreta atraso no diagnóstico resultando, consequentemente, a demora para iniciar os acompanhamentos necessários e tratamentos a serem seguidos.

Atualmente, muitos estudos apontam que o autismo é um transtorno do comportamento, existindo várias "janelinhas de oportunidades" para serem trabalhadas. Se demoramos para agir, essas janelinhas podem se fechar e perdemos as chances de obter sucesso no tratamento, o que poderia minimizar vários sintomas.

Outro dado importante é que frequentemente, no autismo, diferentes partes do cérebro são impedidas de trabalharem juntas, o que gera dificuldades para processar estímulos sensoriais, provocando diferenças no que ouvimos (audição), sentimos (tato), cheiramos (olfato), provamos (paladar), para nos movermos (motricidade) e na memória de curto e longo prazo. Às vezes, as coisas que acontecem ao nosso redor são percebidas de forma muito intensa, o que pode ser estressante devido a uma sensibilidade muito alta (hipersensibilidade) da pessoa dentro do espectro. Por outro lado, em algumas situações, podemos ter dificuldade em perceber coisas sutis devido a uma sensibilidade mais baixa (hipossensibilidade).

Segundo Gabriela Bandeira (2021), o transtorno do processo sensorial é uma condição na qual o sistema nervoso apresenta dificuldade para processar estímulos do ambiente e dos sentidos. Agrega, ainda, a diferença entre hipersensibilidade e hipossensibildade.

- Hipersensibilidade: a pessoa sente demais os estímulos. Por isso, os sons podem ser, por exemplo, mais altos e estímulos visuais mais fortes.

- Hipossensibilidade: a pessoa precisa de muito esforço para sentir qualquer tipo de estimulação. Por isso, é comum que pessoas com hipossensibilidade estejam sempre agitadas e em movimento.

A pessoa com TEA pode ter dificuldade para compreender figuras de linguagens, ironias, metáforas, pois seu pensar é concreto e objetivo. Como exemplo contarei um episódio que ocorreu em uma viagem que fizemos com Leonardo quando ele tinha 5 anos de idade. Fomos a uma festa de amigos que moravam em outra cidade e ficamos hospedados em um hotel próximo do local da festa. Quando estávamos saindo do quarto, pedimos ao Leonardo que chamasse o elevador para não nos atrasarmos. Ele andou em direção à porta do elevador e começou a gritar: elevador! Elevador!

Ficamos parados por alguns segundos observando a cena. A partir desse dia, passamos a tomar cuidado com a forma como falamos e nos dirigimos a ele, para que não tenha dificuldade de entender o que estamos dizendo. Em síntese, na comunicação verbal e oral, devemos ser claros, objetivos, usar frases curtas e simples, sem enrolação e sem complicação.

A seguir é destacado um conjunto de características que podem ser indicativos do autismo e precisam ser observadas e, se evidenciadas, precisam ser investigadas, portanto, buscar profissionais especializados na área do desenvolvimento infantil é fundamental:

- Apresenta dificuldades em se organizar no tempo.
- Concebe regra como regra.
- Necessita seguir rotinas.
- Procura o isolamento não somente no sentido físico, mas mental também.
- Comunica-se melhor apenas quando fala de temas de seu interesse.
- Emite sons e palavras repetidas fora de contexto.
- Repete frases ou outros conteúdos ouvidos em filmes ou desenhos.
- Não tem noção do perigo.
- Apresenta características de uma criança que apresenta surdez, que não ouve.
- Evita contato visual.
- Apresenta choros e risadas inapropriadas.
- Anda na ponta dos pés.
- Tem dificuldade de se relacionar com pares da mesma idade.
- Apresenta hiperatividade ou passividade.
- Possui sensibilidade (hiper ou hipossensibilidade) visual, auditiva, olfativa, gustativa e/ou tátil.
- Apresenta comportamentos estereotipados e repetitivos como mexer com os dedos e/ou mãos de forma peculiar, entre outros.

AUTISMO, FAMÍLIA E INCLUSÃO: DESAFIOS E POSSIBILIDADES

Com relação ao Leonardo, desde seus primeiros anos apresentou características muito marcantes, contudo, com o passar do tempo, terapias com profissionais capacitados o ajudaram a reduzir e até eliminar traços iniciais, o que melhorou sua qualidade de vida e levou à superação de várias dificuldades.

As crianças com autismo, geralmente, apresentam dificuldade em lidar com as questões sensoriais como sons, luzes, odores e gosto. Com o passar dos anos, desenvolvemos um olhar mais acurado, o que nos levou a respeitar seu jeito de ser e a compreender suas atitudes; isso fez com que entendêssemos o que estava acontecendo, de modo que começamos a reagir com mais tranquilidade, sensibilidade, compreensão e com estratégias adaptadas nesses momentos.

Quanto à audição, por exemplo, o Leonardo apresenta hipersensibilidade auditiva, o que o torna mais sensível aos sons do que muitas pessoas. Ele se sente incomodado com barulhos que lhe parecem muito altos, mas que nós consideramos normais. Isso se dá porque ele percebe o som em uma frequência inaudível para nós. E, segundo o Léo, é como se sentisse uma dor muito forte e que lhe causa um grande sofrimento.

Lembro que quando o Léo era pequeno, caminhávamos com ele até a escolinha, localizada a três quadras de nossa casa, em um percurso que levaria aproximadamente uns dez minutos para ser percorrido. Nós demorávamos mais de trinta minutos e a caminhada se transformava em tortura e sofrimento para ele. As buzinas e os sons de motos, ônibus ou qualquer outro barulho da rua o deixavam estressado, ele colocava as mãos nos ouvidos e começava a gritar, ficava paralisado, sem mover-se. Quando acontecia isso, eu o abraçava forte, procurava acalmá-lo e demonstrar que estava protegido. Eu esperava a crise passar para seguir em frente até o nosso destino. Essas instabilidades ocorreram inúmeras vezes em outros momentos ao nos deslocar para outros destinos.

Então, quando vamos a uma festa, levamos sempre fones de ouvidos e o seu inseparável tablet, que são formas de ele se distrair e não perceber o que o incomoda. Procuramos um local distante da aglomeração de pessoas, mais tranquilo, iluminado e, se possível, longe da música alta para que ele não se sinta estressado nem bombardeado com conversas cruzadas. E se ainda assim se sentir incomodado, retornamos para casa.

Outra situação com a qual Léo vem lidando são os eventos escolares, realizados em ginásios ou salões amplos, no qual todos os alunos participam, fazendo apresentações para as famílias. Geralmente, são momentos que envolvem músicas altas, danças, espetáculos, aglomerações e conversas paralelas. Percebemos que Leonardo descobriu uma forma de enfrentar esses momentos de apresentações individuais ou coletivas publicamente agindo de forma automática e técnica, quase como "robozinho" e faz tudo que tem que ser feito com perfeição. Contudo, logo que termina a sua apresentação, ele sabe que estaremos à sua espera para resgatá-lo e tirá-lo do ginásio o mais rápido possível. Sabemos que participar desses eventos causa sofrimento para ele, mas é também um aprendizado de como superar e driblar essas situações e tantas outras que virão no futuro.

O paladar é outro assunto que exige atenção. Em geral, a criança com TEA tem uma alimentação seletiva e um repertório alimentar mais limitado, se recusando a experimentar alimentos novos, seguindo sempre a mesma alimentação, a mesma rotina. Esse tema da alimentação é muito discutido entre os pais de crianças com TEA. Quando nos reunimos, é comum compartilharmos queixas e também estratégias de como fazer nossos filhos comerem ou experimentarem algo novo no cardápio. Trocamos ideias e procuramos fazer de tudo para melhorar o momento da refeição e evitar estresse para as criança e os pais.

Muitas vezes fico angustiada por não conseguir fazer com que Leonardo prove algo novo ou nas situações que fogem da rotina diária, como nas viagens, que não teremos como preparar o alimento dele. O que acontecerá? Como devemos agir? Teremos que descobrir! Por outro lado, sinto certo alívio ao saber que alguns alimentos que ele gosta muito existem na maioria dos locais por esse mundo, como a batata frita, o hambúrguer carne/queijo, a pizza de queijo, massa sem nenhum condimento e o leite com chocolate.

À medida que Léo foi crescendo, essa seletividade se tornou mais intensa e a alimentação do nosso filho se tornou uma rotina rígida. Tanto no café da manhã como no lanche da tarde, ele toma leite com achocolatado e come bisnaguinhas (sempre da mesma marca): duas na manhã e quatro à tarde. Já o almoço e o jantar tornam-se mais complicados, uma vez que teremos que planejar a mesma refeição para toda a família ou planejar variações de alimentos pensando sempre no Leonardo.

A atenção e a preocupação com esse tema são compreensíveis, uma vez que a alimentação exerce influência direta de estímulos sensoriais, especialmente para pessoas com Transtorno do Espectro Autista (TEA).

Ao questionar Leonardo sobre o motivo de não comer comidas variadas, sua resposta foi a de que sente cheiro desagradável dos "alimentos estranhos" e que isso o incomoda muito; ainda, apontou que na língua "tem coisas" (partes) que sentem o gosto da comida primeiro e, assim, "quando a comida estranha encosta na ponta da língua é muito ruim".

Observamos que na hora de alimentar-se: a cor, a densidade, a textura, a temperatura, o toque e o olfato do alimento são aspectos que o incomodam. Há dias em que ele está especialmente sensível à alimentação, o que faz com que não possa ficar próximo, olhar ou sentir o cheiro da comida, se afastando rapidamente. Quando é somente o sentido da visão (não podendo enxergar o alimento que não gosta) que está aguçado, usamos como estratégia colocar barreiras em frente a ele para que não veja o nosso alimento e, consequentemente, não fique incomodado. Mas se é um daqueles dias em que todos os sentidos estão bem apurados, devemos deixá-lo fazer a refeição em outro ambiente para não se desorganizar.

Por fim, outra caracterização importante do TEA é a importância da rotina, que pode se manifestar desde cedo. A previsibilidade para pessoas com autismo se torna um ponto-chave, visto que obtendo conhecimento do que deverá fazer (antecipação), fará com que se sintam seguras, confortáveis em determinadas situações, evitando comportamentos indesejáveis. Porém, existem algumas rotinas que poderão dificultar o desenvolvimento de aprendizado e convivência social no futuro. Nesse caso, a quebra de rotina é importante, já que agregará benefícios para a sua vida.

Logo, precisamos estar atentos a qual rotina trabalhar, para modificá-la ou não. Na primeira vez que percebi essa manifestação do Leonardo, ele tinha aproximadamente três anos e meio e ocorreu quando me deslocava para o trabalho e, como de costume, levava meu pequeno junto comigo. O percurso que fazia de casa ao trabalho sempre foi o mesmo, mas naquele dia algo de diferente ocorreu e percebi, no meio do caminho, que havia esquecido algo em casa e, portanto, teria que voltar. Sem pensar duas vezes, retornei, mas peguei outro caminho. Foi quando comecei a ouvir gritos descontrolados. Parei o carro assustada e fui para o banco de trás com o Leonardo, procurando descobrir o que estava acontecendo. Como estava mais perto do meu trabalho do que de casa, fiquei preocupada, imaginando que Léo poderia estar sentindo alguma dor, resolvi retomar o trajeto anterior para chegar o mais rápido possível ao trabalho e assim descobrir o que o incomodava. Para minha surpresa, no momento em que o carro regressou ao mesmo caminho que fazíamos todos os dias, automaticamente Leonardo se acalmou.

Naquela ocasião, analisando esse fato, cheguei à conclusão que teria que iniciar um trabalho para romper essa rotina, e assim fiz, mudando, pouco a pouco, meu trajeto, uma rua por vez, até conseguir diminuir esse seu sofrimento.

Evidentemente esse trabalho não termina assim, com o passar dos anos, surgem outras formas de rotinas, algumas imperceptíveis para as demais pessoas, mas nós, pais, sabemos que estão ali e que exigirão novamente nossos cuidados.

Ana Maria S. Ros de Mello, no livro *Autismo: Guia Prático*, apresenta estratégias para quebrar rotinas com as quais concordo. Ela fala que devemos fazer pequenas mudanças no dia a dia dos nossos filhos, dando preferência a uma mudança de cada vez. Ela cita como exemplos: mudar o lugar de seu filho à mesa, tentar variar o cardápio, mudar o caminho de ir ou vir da escola, entre outras.

2.2. Caminhos para aprendizagem e socialização

Segundo Vygotsky (2019), a interação com outras pessoas e a mediação da aprendizagem são imprescindíveis para que o indivíduo tenha a possibilidade de se desenvolver plenamente em todas as áreas, descobrindo, inclusive, seu maior potencial para também oferecer sua colaboração à sociedade a que pertence. Portanto, é fundamental que Leonardo, como qualquer pessoa autista, interaja com os pares para seu desenvolvimento global, assim como experimente processos de ensino e aprendizagem mediados de forma adequada.

Quanto mais cedo o autismo for diagnosticado, mais chance teremos de poder trabalhar os sintomas e, se esses forem mais graves, aumentaremos as chances de torná-los mais leves.

Em nossa história, tínhamos – e temos – muitas dúvidas, mas também esperanças, o que tem nos levado a pesquisar e estudar muito para entender como lidar com o tema autismo. Recebemos o diagnóstico inicial do Leonardo na cidade gaúcha de Santa Maria. Logo após realizamos consultas em vários outros lugares – Porto Alegre, São Leopoldo, Curitiba – à procura de mais opiniões e respostas que nos apontassem caminhos a seguir.

O último especialista que procuramos foi recomendado por ser um excelente neuropediatra e pesquisador renomado na área do TEA. Foi ele que nos orientou sobre o que deveríamos fazer, quais terapias o Leonardo precisaria no momento e, se precisasse de medicação, quais seriam indicadas. Estávamos dando início ao plano individual de tratamento (PIT).

O PIT nada mais é do que um direcionamento para a família, que chega no especialista sem saber o que fazer e necessitando de uma trajetória, de um caminho de intervenção de tratamento para a criança. O plano de tratamento individual é criado a partir do diagnóstico, no qual será elaborado um plano com tudo que deve ser feito para melhorar a vida dessa criança.

Existem duas siglas que fazem parte da minha vida, desde que vivo o autismo: PIT e PEI. Convivendo com o autismo e entre uma conversa e outra com amigos e familiares de autistas, percebi que não são todos os pais que conhecem a importância dessas duas siglas para a vida de seus filhos. Elas nos darão o caminho certo que nossos filhos devem seguir para ter o tratamento adequado e uma educação justa, de qualidade, respeitando o tempo e os limites de cada criança. Por esse motivo, resumidamente, explicarei a seguir no que consiste e qual a importância de cada uma dessas siglas.

A sigla PIT quer dizer **Plano Individual de Tratamento** médico, e é desejável que seja estabelecido logo após a descoberta do diagnóstico de autismo, quando o médico e a equipe terapêutica que tratam da criança montam um plano individualizado de intervenção. O autista apresenta características e demandas especiais que, como já referimos, diferem de uma pessoa para outra, sendo necessário estabelecer necessidades, tratamentos e terapias individualizadas, uma vez que a intervenção ou o plano de tratamento que é bom para um pode não ser bom para o outro.

A sigla PEI quer dizer **Plano Educacional Individualizado**, definido como uma estratégia que estabelece o planejamento escolar individualizado sob responsabilidade da coordenação pedagógica e orientadores educacionais, devendo contar também com a colaboração da família e da equipe terapêutica que acompanha o tratamento do aluno. Esse plano leva em consideração as necessidades individuais do aluno, objetivando estruturar o ambiente escolar para propiciar a aprendizagem acadêmica e social, sempre respeitando e compreendendo as limitações individuais e procurando estimular as potencialidades do aluno.

Nós, como pais, devemos estar cientes que cabe à escola, sempre, comunicar as decisões relacionadas ao PEI, orientando a família sobre as estratégias e as adaptações educacionais a serem seguidas.

Em relação à medicação, saliento que é o médico que irá dizer se a criança precisará ou não usar medicamentos. Não existem remédios para tratar especificamente o autismo, mas há meios para reduzir alguns sintomas comportamentais (sintomas alvos) que podem prejudicar o funcionamento global da criança. Portanto, a medicação não cura, ela é sintomática, ou seja, ajuda a tratar os sintomas alvos do autismo, aqueles que estão mais intensos.

Algumas crianças irão precisar de medicação, outras não, mas isso vai depender da orientação médica. Um outro fato que considero de extrema importância ressaltar, e ao qual devemos estar atentos, diz respeito a receitas alternativas, opiniões de vizinhos, amigos ou conhecidos. Não devemos nos prender em receitas mágicas que promovem cura. Devemos acreditar na ciência, em pesquisas de profissionais capacitados que estão se dedicando a encontrar respostas e soluções para que pessoas com autismo possam ter uma qualidade de vida melhor, pois, como já sabemos, não existe cura para o espectro, pois ele não é uma doença.

No caso do desenvolvimento cognitivo, é preciso acionar diversos mecanismos para que a aprendizagem ocorra. Inicialmente, o que uma criança com autismo precisará para prestar atenção a algo que está sendo trabalhado é a motivação. Sabemos que sem motivação, ninguém aprende, e crianças e jovens com TEA apresentam dificuldades para se sentirem motivadas.

A maioria dos autistas apresenta dificuldade de realizar o contato ocular, ainda mais quando, em uma conversa com seus pares, a criança precisa fixar seu olhar no da outra pessoa. Esse olhar é ausente ou breve e, além de comprometer a interação com o outro, interfere na aprendizagem justamente porque a criança não consegue ler as expressões faciais.

Quando Leonardo era pequeno, era muito difícil fazer seu olhar ficar focado no nosso. Se estávamos explicando algo a ele e seu olhar desviava do nosso, sabíamos que não estava mais prestando atenção na conversa nem escutando o que dizíamos. E assim, a todo momento, tínhamos que resgatar sua atenção.

Sabemos que olhar diretamente nos olhos de outra pessoa é uma importante ferramenta de comunicação, e que esse contato visual colabora a compreender o que o outro está falando, além de manter a pessoa atenta e alerta ao assunto, e tudo isso produz a comunicação positiva. Essa conclusão sobre o funcionamento do olhar na comunicação e na aprendizagem foi se estruturando aos poucos, juntamente com o vivenciar do transtorno, em razão de que dia após dia aprendíamos um pouco mais sobre as particularidades do autismo de Leonardo. Essa facilidade para se "desligar" se tornou mais preocupante a medida que, para aprendizagem, sobretudo a escolar, a manutenção da atenção é fundamental. Observando com cuidado seu comportamento frente a aprendizagem escolar, constatei o quanto muitos conteúdos não faziam sentido para ele. Na verdade, acredito que essa situação se repita mesmo entre as pessoas que não possuem o TEA. Então, comecei a criar estratégias para melhor seu foco e, em especial, compreensão dos conteúdos escolares.

Como pedagoga de formação e bastante presente no seu percurso escolar, percebi que vídeos, filmes ou desenhos, sempre lúdicos, e curtos que abordavam o assunto proposto pela escola de forma clara, sucinta e objetiva, colaboravam para sua aprendizagem. A escolha de materiais com essas características tinha o objetivo de evitar que ele se desligasse por completo e perdesse o interesse na atividade, porque, nesse caso, é difícil resgatá-lo.

Após a escolha do material, organizo um resumo do vídeo ou texto e observo que seu interesse pelo assunto permanece, sem sentir-se pressionado a aprender. Em consequência de ter ativado seu foco com o material escolhido, o desfecho é o registro de todo o conteúdo em sua memória, não precisando de mais explicações e nem retomar o assunto.

Muitas vezes precisei recorrer a outras estratégias para chamar sua atenção: criar histórias em quadrinhos, usando a imaginação e a fantasia; elaborar teatro de fantoches, canções, jogos; e, até mesmo, se precisasse, virar cambalhota para chamar sua atenção. Tudo isso para ele conhecer o tópico proposto pela escola.

Leonardo precisa vivenciar o que estão ensinando, se não for assim, ele perderá o interesse e a motivação pelo assunto proposto. Por ter memória fotográfica, seu pensar é predominantemente visual, o que significa que ele aprende por imagens, explicações bem detalhadas, gestos, desenhos e pelo estabelecimento de conexões com o dia a dia.

As pessoas com TEA enfrentam inúmeros desafios quando se trata de aprender, porém, a maior dificuldade não está na aprendizagem em si, mas na forma como ela acontece. As crianças com autismo enfrentam dificuldades em aprender pelo meio dos métodos tradicionais, uma vez que seus cérebros processam as informações de maneira distinta em comparação com crianças neurotípicas. Isso significa que a forma como elas percebem, interpretam e respondem aos estímulos do ambiente pode ser diferente. Portanto, sempre que for necessário, é importante adotar abordagens educacionais adaptativas.

Por esse motivo, o processo de aprendizagem das crianças é favorecido quando nos pautamos em estratégias dinâmicas, criativas e inovadoras. Acredito que esses caminhos não podem ser pensados apenas para estudantes com TEA. Todavia, sem adaptações curriculares que façam sentido aos estudantes com autismo, o processo de aprendizagem não ocorrerá, assim como o respeito às suas diversidades.

É importante que os professores e, logicamente, o sistema educacional, considerem que o conteudismo não pode estar à frente da aprendizagem. Para uma criança adquirir conhecimento, ela precisa estar motivada a descobrir o que está a sua volta e, obviamente, trabalhar com motivação, foco, atenção e memória não é tarefa fácil!

O médico psiquiatra infantil Caio Abujadi, em suas palestras em canais do Youtube, aponta para a importância das pessoas conceberem o autista como é de fato e que não tentem transformá-lo em uma pessoa típica, porque se a gente conseguir dar ao autista o mundo que ele precisa, seu desenvolvimento será muito bom. Essa fala pode ser considera inclusive com relação aos comportamentos estereotipados e repetitivos que as pessoas com TEA podem apresentar. Muitas pessoas não têm noção do quanto é necessário e importante esse momento para o autista, embora possa ser considerado estranho diante dos padrões normais, em que essa forma de conduta atrapalha o convívio social.

Para os autistas, esse momento é prazeroso, pois ajuda a acalmar e aliviar a ansiedade. No caso do Leonardo, aprendemos que não devemos interromper ou bloquear seu comportamento repetitivo, quando anda de um lado para outro, sussurrando, gemendo, sem ter um objetivo aparente. Pedir para Léo parar de fazer ou bloquear um ritual, uma rotina e até mesmo uma estereotipia pode fazer com que se desorganize, visto que essa é sua forma de aliviar a ansiedade e/ou de organizar seu cérebro quando está muito cansado, como o próprio Leonardo fala. São momentos de mergulho em seu mundo, pausas de extrema importância, visto que é a forma que encontraram para se organizar dentro desse mundo tão complexo.

Esses aspectos possuem relação direta com estudos que investigam o funcionamento do cérebro de uma pessoa com autismo, como a obra intitulada *O cérebro autista: pensando através do espectro* **(2015)**, de autoria do Temple Gandin e Richard Panek. O cérebro do autista é um pouco diferente, ele é hiperexcitável, o que faz com que uma atividade seja ligada à outra de modo ininterrupto, sem desligar da atividade anterior. Consequentemente, a pessoa com TEA pode fazer diversas atividades ao mesmo tempo e isso provoca muito estresse. Uma pessoa que não apresenta autismo costuma fazer uma atividade de cada vez. O cérebro da pessoa com autismo não! Exigir que o cérebro da pessoa com autismo trabalhe desconsiderando suas características, significa desorganizá-lo.

No caso do Léo, quando sente que está estressado, ele tenta movimentar-se, algumas vezes inicia com pequenas corridas intercaladas com passos rápidos e emite alguma fala ou som para si mesmo. Essa estereotipia dura por alguns minutos, às vezes segundos, depois, ele se estabiliza e volta a fazer, com muita tranquilidade, o que estava fazendo anteriormente. Isso me fez pensar o quanto deve ser difícil essa conexão contínua, sem pausas, sem descanso, que torna seu cérebro sobrecarregado.

Perguntei, um dia desses, a ele o porquê dessas caminhadas e corridas e, para minha surpresa, ele respondeu que estava organizando o seu cérebro, que estava muito cansado.

— [...] é o meu jeitinho, mamãe! Eu estou ajudando o meu cérebro a trabalhar mais tranquilo.

Aqui, percebemos que ele descobriu a forma de se ajudar e se organizar, em razão de que se sente bombardeado por estímulos e essas ações repetitivas ajudam a se reorganizar internamente e a processar o que está sentindo no momento.

Com relação a motricidade, é preciso pontuar que muitas pessoas com autismo apresentam a "Síndrome de hipermobilidade ligamentar", também conhecida como "frouxidão ligamentar". Essa síndrome refere-se à capacidade das articulações se moverem além do limite normal, sem nenhum esforço, em consequência, ocorre muito cansaço. As articulações mais afetadas por esse problema, segundo os especialistas, costumam ser as articulações do joelho, cotovelo, punho e dedos. Essa síndrome pode levar a permanecer muito tempo sentado, a realizar poucas atividades físicas e a preferir passar a maior parte do tempo deitado. Se precisa sentar-se, procura um local de apoio, demonstrando visualmente não ter forças para suportar o peso do próprio corpo.

Leonardo tem essa síndrome, ele consegue dobrar os braços para trás passando a articulação do cotovelo, dobra os punhos e os dedos para trás, além do limite normal, ostentando uma elasticidade incrível. Nem sempre esse sintoma exige tratamento – a não ser que venha acompanhado de dor e sensibilidade nas articulações, o que não se passa com Leonardo. A síndrome de hipermobilidade ligamentar reflete-se intensamente na postura do Léo e no seu jeito de caminhar; com isso, ele parece desajeitado, demonstra cansaço, fraqueza, perda de força muscular e, em consequência disso, perda de massa muscular. Para suprir as dificuldades e os desconfortos, concluímos que ele deveria praticar alguma atividade física. Então, como gosta muito de água, a natação foi uma da atividades escolhidas, por atrair e tranquilizar Leonardo. Estar na água lhe traz calmaria, prazer e acolhimento. A natação oferece diversos estímulos e promove o desenvolvimento necessário à pessoa com Transtorno do Espectro Autista, justamente por transmitir acolhimento, segurança e tranquilidade.

Além da natação, Leonardo pratica pilates, realiza atividade física especial aplicada ao TEA e participa de sessões de equoterapia, confiantemente para fortalecer sua musculatura, melhorar sua postura, força e resistência.

2.3. Comunicação e linguagem no autismo

Um dos momentos que nos exigiu calma e reflexões foi com relação a ausência de fala até os 4 anos. Segundo Fabiele Russo (2020), no artigo *Aprendizagem Comunicação Desenvolvimento*, crianças e jovens autistas podem falar normalmente, mas há casos de pessoas que não falam, ou seja, apresentam autismo não verbal. Vale destacar que o autismo não verbal não significa que a pessoa seja incapaz de falar, o que ocorre é que ela não consegue manter a comunicação por meio da fala.

Leonardo começou a falar aos 4 anos de idade e, em poucos dias, sua comunicação evoluiu rapidamente e ele se expressava com frases formais e corretas. Nessa fase, o autismo estava bastante evidente, com várias características bem aparentes. Por exemplo, ele não olhava nos olhos das pessoas que conversavam com ele, parecendo não estar interessado ao assunto; permanecia muito tempo isolado, brincando com as rodinhas de seus brinquedos; se ausentava do nosso mundo, aparentava estar fora do ar e não prestava atenção em nada, como se não escutasse quando era chamado; porém, de repente, surgia com um assunto que lhe parecia interessante e, enquanto falava, demonstrava ter conhecimento profundo sobre o tema.

Destaco que quando começaram as manifestações da fala, observamos outras características que até então não havíamos percebido. São elas:

- Falar rebuscado (usando uma fala formal).

- Predomínio de pensamento concreto (precisa ver o que está sendo ensinado).

- Interpretação literal, não conseguindo interpretar, metáforas, ironias e frases com duplo sentido.

- Ecolalia ou repetição de palavras ou frases ouvidas de outros.

- Interesses restritos e hiperfoco para determinados assuntos.

- Presença de habilidades incomuns como a facilidade de memorização de algo de seu interesse.

Com 4 anos e meio, ele começou a falar inglês sem ter tido aulas do idioma. Saliento que esse conhecimento foi adquirido de forma espontânea, ele aprendeu a língua sozinho, provavelmente pela atenção dedicada a filmes, jogos e desenhos aos quais teve acesso pela televisão e computador.

Ao traçar uma linha histórica sobre seu aprendizado da língua inglesa, é possível associar ao fato de assistir canais específicos para crianças. A Discovery Kids, por exemplo, estimulava o contato das crianças com a língua. No desenho chamado *Word World,* havia um grupo de simpáticos bichos, que era formado pelo cachorro Dog, a ovelha Sheep, o sapo Frog, o porco Pig, a formiga Ant e o urso Bear. O programa nomeava os personagens com o seu significado em inglês e era divertido, colorido, com muita ação e deixava Leonardo atento e interessado. Um tempo depois, surgiu outro desenho que o cativou de forma ainda mais intensa, o *Super Why*, série destinada a crianças pequenas e que passava habilidades de leitura por representar aventuras baseadas em histórias infantis, incentivando também a leitura das obras como *Chapeuzinho vermelho, João e O pé de feijão*, entre outras histórias. Esse programa também explorava conteúdos como alfabeto, ortografia, pronúncia e escrita em inglês. Em minha opinião, esse programa de TV, do qual gosto muito, trazia e ainda traz excelentes ensinamentos para os pequenos.

Quando tinha 6 anos, gravamos um vídeo do Leonardo falando em inglês a história dos *3 Porquinhos e o Lobo Mau*, resultando uma emoção e enorme surpresa para nós.

Com o passar do tempo, seu interesse pelo inglês ficou cada vez mais forte e seu vocabulário foi se expandindo. Com a chegada da adolescência, ele passou a escutar incontáveis vídeos, documentários, curiosidades e séries somente em inglês. Sua conversação fluente em inglês se dá em sotaque britânico, sem erro na pronúncia e na entonação, segue a sequência de um assunto, sem interrupções no fluxo do pensamento e da linguagem.

Tínhamos muita curiosidade em saber qual o real conhecimento do Leonardo com relação à língua inglesa. Se estivesse em uma escola de inglês, qual seria seu nível? Com se comunicava e raciocinava em inglês? Para melhor compreender esses aspectos, procuramos por pessoas que fossem fluentes na língua, algum estudante que estivesse fazendo intercâmbio em nosso país ou alguém que conhecesse bem inglês. E assim conseguimos, com ajuda de uma querida amiga, que uma intercambista americana fosse a nossa casa com o objetivo de conversar com o Léo, de uma forma tranquila, tratando assuntos de seu interesse, para que assim ele dialogasse naturalmente, sem pressão. Foi possível notar que interagia com grande destreza, e que ele pensava e raciocinava em inglês como se fosse sua língua materna.

O domínio impecável da língua inglesa indica uma alta performance, talento, habilidade, que precisa ser melhor estudado. Essa característica pode ser relacionada ao diagnóstico que Leonardo recebeu aos 4 anos e meio de "autismo de alto funcionamento" em áreas específicas, visto que essa fluência em traduzir e expressar seu pensamento e fala, não se dá na mesma proporção com relação à língua portuguesa, que é marcada por dificuldades de se expressar, vocabulário restrito, truncado e com pausas. Essas caracterizações do/no autismo nos indicam o quanto essa condição necessita de estudos e pesquisas.

2.4. A família frente ao preconceito e a discriminação

Temos aprendido a voar como os pássaros, a nadar como os peixes, mas ainda não aprendemos a sensível arte de conviver com as diferenças.
(Mundo do Peu)

Recordo a vez em que fomos ao neuropediatra que fechou o diagnóstico de autismo do Léo e perguntei, mesmo sentindo medo da resposta, se o Leonardo iria conseguir viver em sociedade sem perceberem seu transtorno. Ele olhou para mim e respondeu que enquanto os autistas são crianças pequenas, a sociedade enxergará suas atitudes como bonitinhas, encantadoras, engraçadinhas e, se ocorrer algum comportamento pouco habitual, será considerado birra ou falta de educação. Mas com o passar do tempo e à medida que a criança crescer, suas peculiaridades ficarão mais evidentes e então serão observadas de outra maneira, muitas vezes com desprezo, rancor, medo de se aproximar, pois, infelizmente, muitos pensam que autista é louco! Essas palavras me indicaram que a batalha com relação ao preconceito não seria fácil e que as barreiras atitudinais seriam evidentes.

Para ilustrar a fala do médico, aproveito para refletir sobre a atitude de "julgar sem saber o que realmente está acontecendo" e apontar a diferenciação entre birra e crise, visto que pode ser difícil distinguir birras e crises sensoriais.

A **birra** tem uma finalidade e o comportamento se origina de alguma insatisfação, quase sempre está acompanhada de atitudes como choros, gritos, jogar-se ao chão e outras atitudes. Ela é usada como uma tática para conseguir o que foi negado à criança. Então, quando a criança conseguir o que quer, a birra termina.

As **crises**, por sua vez, ocorrem quando a pessoa fica exposta a vários estímulos sensoriais ao mesmo tempo e acaba não conseguindo lidar com eles, dessa forma ela recebe muita informação, resultando uma sobrecarga sensorial.

Ao contrário da birra, a crise não é proposital, não tem nenhum objetivo, nenhuma finalidade, não é uma estratégia ou uma manobra pensada para conseguir algo, mas sim uma consequência de limites que foram extrapolados e isso provoca descontrole, sobrecarga, desordem e irritabilidade.

As crises demoram mais tempo que as birras e podem até incluir autoflagelação. Logo, se o indivíduo com TEA receber muitas informações, muitos estímulos sensoriais, ele poderá mostrar seu sofrimento emocional por meio de uma crise. A crise tem diversas causas, como mudanças bruscas de rotina, ter que esperar muito tempo, ansiedade, cansaço, fome, estímulo sensoriais (ruídos altos, texturas etc.), entre outros. Portanto, não devemos ignorar e muito menos castigar uma criança em crise, afinal, é cruel castigar alguém que não pode expressar em palavras o que está sentindo.

Não devemos julgar precipitadamente e sim ajudar, investigar o que está acontecendo, apoiar cuidadores ou responsáveis – pai, mãe, avô, avó etc. Nenhuma das pessoas envolvidas nessa situação delicada precisa de julgamentos, olhares de desaprovação, nesse momento faz falta uma palavra de carinho e atenção.

Então, não será pelo olhar que uma criança será identificada como autista. Portanto, quando vir uma criança se jogando ao chão ou com comportamentos negativos os quais você suponha que seja uma birra, seja solidário, pois essa criança pode ser autista e estar passando por um momento ruim. Nunca é tarde para aprendermos a ter empatia, nos colocarmos no lugar do outro e assim perceber que nem sempre a primeira visão corresponde à realidade.

No decorrer desses anos, venho aprendendo que as necessidades da pessoa com autismo se alteram no decorrer do crescimento. Sintomas, características, estereotipias, comportamentos sofrem alterações, alguns desaparecem para dar lugar a novos traços. Como pais, é fundamental estarmos preparados para ajudar nossos filhos a lidar com uma sociedade que não está preparada para viver com o "diferente", com aqueles que não seguem a mesma cartilha dos demais.

O preconceito está presente no olhar, em um gesto, no comportamento que exclui a criança com autismo de participar de festinhas de aniversários dos coleguinhas, de ser convidado para ir brincar na casa dos amigos, de fazer um passeio, simplesmente porque essa criança é considerada diferente e pode dar trabalho para quem convida. Em muitos casos, a família da criança passa a ser isolada em seu círculo de amizades e, por incrível que pareça, na própria família, passando a não ser mais convidada a participar de eventos, até mesmo de um simples churrasquinho aos finais de semana.

A dor de ver o filho ser excluído da convivência com as pessoas, por medo, vergonha, trabalho que essa criança pode dar, é muito forte. Aqui, relatarei duas experiências que não foram nada agradáveis e que ficaram para sempre em minha memória. No decorrer do nosso trajeto, irão surgir obstáculos e devemos aprender a superá-los com paciência, inteligência e equilíbrio.

A primeira experiência ocorreu em um consultório médico, quando precisei levar o Leonardo para uma consulta. A sala de recepção era pequena e não comportava muitas pessoas, o que já deixa uma pessoa autista ansiosa. Uma senhora e sua filha, praticamente da mesma idade do Léo, sentaram-se próximas a nós e Léo começou a andar de um lado para o outro, porque havia vários pacientes à espera, na mesma sala, deixando-o bem ansioso.

A senhora e sua filha pegaram uma revista para passar o tempo, e isso chamou a atenção do Leonardo, que, em questões de segundos, sentou-se junto a elas, começando a folhear a revista. As duas, mãe e filha, ficaram imóveis e trocaram olhares. Eu estava sentada em frente a elas e observei o que acontecia. Foi quando meu filho, perdendo o interesse pela revista, se afastou. A senhora, então, sussurrou para a menina que ficasse quieta, visto que o menino era "louquinho".

O que se passa na cabeça de uma mãe ao ouvir que seu filho é chamado de louco? Tenho certeza de que muitas mães ficariam furiosas neste momento e que partiriam para briga para defender o filho. Sim! Realmente foi o que pensei em fazer, mas raciocinei melhor e reagi de outra forma.

Com muita tranquilidade, sentei ao lado delas e sussurrei baixinho que não se preocupasse, pois meu filho não era louco e não corriam perigo, ele era apenas um menino autista. Disse também que, antes de sair julgando as pessoas, sem saber o que realmente está acontecendo, a mãe deveria preocupar-se com a educação que estava passando para sua filha. Finalizei destacando que preconceito e discriminação são crime! Peguei Leonardo pela mão e pedi à secretária do médico que cancelasse a consulta, pois não ficaria em um local com pessoas preconceituosas, dividindo o mesmo espaço com meu filho que não vê maldade nesse mundo.

A segunda experiência de preconceito que irei descrever aconteceu em um supermercado. Gostamos de levar Leonardo ao supermercado, pois é muito importante para ele saber como funcionam as coisas, o que comprar, onde ir, atenção nos valores, trabalhar noção de dinheiro, quantidade, troco, enfim, ensinar a ser mais independente, mostrar que ele pode, que é capaz de superar seus limites.

Nessa vez que fomos ao supermercado, dei a ele algumas tarefas, uma delas era procurar e escolher um shampoo para o nosso cachorro. E assim o fez! Procurou, procurou até que achou, ficando incrivelmente feliz. Então, pedi a ele que comparasse os valores e os cheiros (já que tem muita resistência com certos odores) que mais gostasse. Ele olhou, pegou, largou e por um bom tempo permaneceu procurando por um shampoo que o agradasse.

Não estava preocupada com o tempo que estava demorando para escolher o produto, e sim feliz por ver que estava conseguindo alcançar o objetivo de finalizar sua tarefa. Como estava se saindo bem, me afastei um pouco, deixando ele fazer a pesquisar à vontade.

Para estragar minha felicidade de ver meu filho agindo por conta própria e tomando decisões sozinho, se aproximou outra cliente, que provavelmente imaginou que ele estivesse sozinho. Ela se dirigiu a ele com frases do tipo: "você não pode ficar mexendo em tudo!"; "tua mãe não te deu educação?"; "você vai derrubar, quebrar e quem vai pagar?". Leonardo olhou para a senhora e deu um sorriso, acreditando que ela estava brincando com ele.

Léo não conseguiu perceber a maldade, o preconceito, o que muito próprio de uma criança com autismo. "Pessoas com autismo não mentem, não julgam, não fazem jogos mentais. Talvez possamos aprender alguma coisa com elas" (Cafe Press).

Quando vi que Leonardo se aproximou da senhora lhe presenteando com um lindo sorriso, entrei em ação, não poderia ficar calada para esse tipo de afrontamento. Me aproximei, comecei me apresentando como mãe do Leonardo e disse que ele não era um mal-educado, era um menino autista que não estava fazendo nada de errado, mas sim aprendendo a ser independente, a fazer escolhas, ou seja, aprendendo o que devemos saber para viver em sociedade.

Para finalizar a conversa, disse a ela que tinha três segundos para sumir da frente do meu filho, caso contrário, começaria a gritar pedindo socorro porque uma senhora estaria maltratando meu filho. Quando dei por mim, ela já havia desaparecido. Infelizmente, o preconceito e a discriminação ainda são grandes obstáculos aos autistas, dificultando a inclusão social. Desinformação e mitos alimentam o preconceito.

Precisamos de conhecimento para eliminar a desinformação das pessoas sobre o TEA. A diferença não deve ser motivo de tratamento inferior em nenhum aspecto e em nenhuma situação. A presença de um transtorno não desqualifica ninguém. O que torna as pessoas diferentes se atribui a sua capacidade de ser, estar e agir diante do mundo que é diferente e precisa ser respeitado. Dessa forma, construir uma sociedade inclusiva é fundamental para promover a igualdade e a justiça social. Quando respeitamos a diferença entre as pessoas, criamos um ambiente em que todos têm possibilidades de fazer ou realizar algo podendo participar plenamente da vida em sociedade. Somente assim poderemos construir uma sociedade mais empática, justa e igualitária.

Com o passar do tempo após o diagnóstico de autismo do Leonardo, algumas frases ficaram gravadas em minha memória e fizeram com que eu refletisse muito sobre a vida, das quais destaco duas: *"A maior deficiência não está no corpo do portador de qualquer deficiência, mas sim na alma do preconceituoso"; e "mãe de autista é sensível e emotiva; sensível o bastante para perceber, interpretar e entender qualquer mudança no comportamento de seu filho. Emotiva porque sabe como ninguém o valor de um sorriso e de um olhar compartilhado"* (Denise Aragão).

Preconceito, discriminação e desinformação estão em todos os lugares, logo, devemos ser incansáveis na busca de informações e conhecimentos, que é a melhor forma de combater e eliminar as atitudes de desprezo e desrespeito ao que é diferente ou desconhecido.

Certa vez, enquanto esperava na saída da escola, escutei de uma mãe que a "moda" do momento era o autismo, que estava em alta, virando uma febre em razão de que estavam aparecendo, nos últimos tempos, muitas crianças com TEA. Naquele momento, já havia aprendido a lidar com esse tipo de situação, ou seja, ouvir pessoas falar sem conhecimento, então procurei explicar a essa mãe o que realmente estava e está acontecendo e o motivo do aumento dos casos de autismo no mundo.

Simplifiquei minha explicação dizendo que antes os médicos não tinham o conhecimento que possuem agora sobre o autismo. Eles estão estudando, pesquisando e descobrindo muito mais sobre o tema, portanto, podem dar um diagnóstico precoce e com mais confiança.

Foi somente depois de concluir a especialização em Transtorno do Espectro Autista que compreendi melhor esse transtorno, esclareci dúvidas e fui me tornando mais segura para falar sobre o tema e ajudar meu filho.

Hoje sabemos que muitos casos no passado eram rotulados como deficiência intelectual ou retardo mental. Atualmente, o espectro de sintomas envolve desde casos mais leves até casos mais graves, deixando em evidência que esse tipo de diagnóstico não era feito antigamente. A incidência do autismo é relativamente alta na população, atingindo em torno de 1 a 2% das crianças e adolescentes em todo mundo, segundo o CDC (*Centers of Deseases Control and Prevention*), e há quatro vezes mais casos entre meninos do que em meninas.

Existem motivos e razões para que esses índices de autismo estejam aumentando no planeta. Um deles se relaciona ao modo como atualmente é feito o diagnóstico, procurando aperfeiçoar e melhorar seus critérios. Outro é contar com mais médicos capacitados, preparados e especializados, o que amplia a compreensão do que é autismo e facilita fechar o diagnóstico, porque é feita uma melhor investigação na criança, assim favorecendo o tratamento precoce e adequado.

É por esse motivo que continuo com esperança, acreditando na ciência e nas pesquisas que procuram nos dar as respostas que tanto queremos. Nós, pais, desejamos que a sociedade se adapte às mudanças e às diferenças em vez de excluir, por puro preconceito, indivíduos com capacidades extraordinárias de seguirem sua vida normal.

Temos, enquanto pais, consciência de que existe uma longa e sinuosa estrada a percorrer em relação ao autismo, mas estamos confiantes, pois existem muitas pesquisas sendo realizadas por profissionais que se dedicam totalmente a encontrar as melhores respostas para tudo que envolve o TEA.

Já é possível observar vários movimentos de famílias de autista se organizando na luta pelos direitos de seus filhos, o que significa que iremos minimizar os deveres do Estado com a sociedade, mesmo excludente, pautada numa Educação Inclusiva. Particularmente, na cidade que residimos o movimento na forma de associação ocorreu por meio de conversar entre mães em espaços de terapias de seus filhos com TEA. No início, era somente eu e outra mãe que, auxiliadas por familiares e amigos, nos reuníamos em praças para entregar folhetos explicativos com intuito de conscientizar as pessoas sobre o autismo.

Essa luta começou pequena, mas gradualmente outras mães, pais, familiares, amigos, simpatizantes pela causa juntaram-se a nós, resultando na formação de uma grande família em prol de melhores condições de vida para pessoas com autismo. E assim foi criada a **Associação Janelinha para o Mundo**, fundada por pais de autistas de Bagé (RS), que é uma instituição sem fins econômicos e financeiros, políticos ou partidários, tem caráter filantrópico, educacional e assistencial, com finalidade de atender a todos que dela necessitem.

Figura 3 - Logomarca da Associação Janelinha para o mundo

Fonte: Associação Janelinha para o Mundo

Como Associação realizamos eventos comunitários (caminhadas e mateadas), organizamos eventos (palestras e seminários), confeccionamos cartazes informativos, panfletos, entre outras atividades. A Associação Janelinha para o Mundo conta com parceiros voluntários, profissionais que se dedicam a atender as famílias de autistas necessitados, doando seu tempo com um tratamento de qualidade.

Capítulo 3

A TRAJETÓRIA EDUCACIONAL

3.1. Autismo e Educação Inclusiva

Estimativas da Organização Mundial de Saúde (OMS) apontam que 1 a cada 160 crianças no mundo todo é diagnosticada com Transtorno do Espectro Autista (TEA) — 2 milhões delas estão no Brasil (Thiago Coutinho, 3 abr. 2023).

A ideia fundamental por trás da Educação Inclusiva é garantir que todos os alunos, independentemente de suas habilidades, características ou necessidades especiais, tenham acesso a uma educação de qualidade em um ambiente inclusivo. A jornada da educação até chegar a Educação Inclusiva tem sido marcada por uma série de etapas e transformações ao longo do tempo. A seguir destaco, resumidamente, algumas das etapas desse processo evolutivo.

Primeiramente, existia a EXCLUSÃO – uma palavra forte –, revelando que as crianças com deficiência não frequentavam as escolas, ficavam em casa ou sanatórios. Elas não tinham contato com o social. Com o tempo, passou a ser SEGREGAÇÃO, ocorrendo uma divisão no processo de educação, surgindo assim dois tipos de escolas: Escolas Normais e Escolas Especiais – essa última destinada somente para pessoas com deficiência. Nessa fase, as pessoas com deficiência já participam "um pouco mais" da sociedade. A terceira mudança passou para INTEGRAÇÃO, quando surgia uma única escola para todos. Era uma escola frequentada por todas as crianças (especiais ou não), mas existia uma divisão, em que havia salas separadas para crianças especiais. Nessa fase, a pessoa com deficiência era aceita na escola, mas a escola não estava adaptada para ela. Partindo da integração, iniciou-se a INCLUSÃO, que ainda não está implementada, visto que a sociedade não compreendeu, de fato, o que é inclusão.

Na inclusão, todos estão reunidos, juntos no mesmo espaço. Portanto, seu papel é muito importante, não se limitando a um único aluno, é para todos, propiciando um espaço de aprendizagem para qualquer indivíduo.

A Educação Inclusiva de qualidade visa as particularidades do aluno e, assim, elabora estratégias que possibilitam a aprendizagem efetiva desse indivíduo, promovendo o seu desenvolvimento global (em todas as áreas). Será com estudos em práticas pedagógicas no cenário educacional que os profissionais na área da educação irão buscar meios, estratégias e formas de promover momentos de interação, mediação e sensibilidade para que o estudante com autismo possa ter um ambiente acolhedor que propicie uma boa aprendizagem.

As pessoas com TEA estão amparados por lei a terem acesso à escola e a uma educação de qualidade. Portanto, devemos ter em mente que não estamos sozinhos nessa luta, a LEI garante aos nossos filhos o direito de viverem em sociedade, como indivíduos iguais a todos, obtendo os mesmos direitos e deveres.

O TEA, por apresentar inúmeras dificuldades do desenvolvimento humano, necessita do trabalho comprometido de todos que estão envolvidos com a educação, no caso, os profissionais e principalmente do empenho e dedicação da família.

A escola inclusiva é um fator importante para o relacionamento social e também para o desenvolvimento das habilidades de todos os educandos que contemplam a mesma escola. A meu ver, todos que participam dela sairão ganhando.

O autista tem necessidades educativas especiais e, como Transtorno do Espectro do Autista é considerado legalmente como deficiência (segundo a Lei de Berenice Piana, que inclui o TEA como pessoa com deficiência), a criança terá o direito de fazer uso de todos os benefícios que a inclusão oferece.

A PNEEPI (2008) surgiu da necessidade inicial de assegurar o direito à educação, buscando de forma cada vez mais específica garantir serviços de apoio que possibilitem, além da matrícula, a permanência e a aprendizagem dos sujeitos com deficiência na escola comum.

Encontrar escolas que exercitem, realmente, a "inclusão" não é tarefa fácil, como revelam relatos de inúmeros pais de crianças especiais. Com relação às crianças com Transtorno do Espectro do Autismo, as principais reclamações referentes às escolas evidenciadas pelas famílias são:

- Não ter cuidador para auxiliar o filho.

- Se não reclamar, o material destinado à criança com autismo não será adaptado.

- Depois de uma ou duas horas, a escola liga para os pais pedindo que busquem o filho, pois não tem mais quem o auxilie até o término do período.

- Muitos pais de crianças típicas reclamam que a criança com TEA atrapalha a aprendizagem e a concentração da turma.

- Pais de crianças típicas reclamam que a professora perde muito tempo explicando um conteúdo e dando atenção para o autista, deixando de lado a turma e, em consequência, o conteúdo atrasa e quem sai perdendo são as crianças típicas;

- Exclusão da criança autista das festinhas dos colegas, por ser diferente.

- Pais de crianças típicas solicitam que a criança autista seja trocada de turma por tirar o foco dos colegas.

- Por ser muito agitado e não ter cuidadora, é melhor que fique em casa para não atrapalhar a turma.

- Com uma imaginativa historinha, as escolas negam vagas.

- Falta de profissionais capacitados, mas a escola alega que já está em processo de solução desse problema. Assim que possível entrarão em contato.

Com relação às instituições de ensino, os pais gostariam de encontrar escolas para os filhos com TEA sem ter que se sentirem humilhados em sua busca por uma vaga escolar. E, quando conseguem, o sentimento é de que a instituição consentiu porque foi obrigada por lei, mas não porque reconhece que as crianças têm os mesmos direitos de uma criança típica em receber uma educação justa e de qualidade.

Cada vez mais pais estão se capacitando em busca do saber, do conhecer o autismo em suas mais profundas particularidades. Assim conseguiremos com que as crianças sejam respeitadas, compreendidas e, o que mais desejamos, que tenham direito à INCLUSÃO SOCIAL e à uma educação de qualidade, respeitando seus limites e seus comportamentos distintos.

Quando uma criança autista é inserida na comunidade escolar (da qual fazem parte professores, coordenadores, diretores, monitores, bibliotecários, secretários, cantina da escola, funcionários da manutenção, colegas de sala de aula), ela começará a também fazer parte desse grande grupo, dando início a uma nova fase de conhecimentos e de aprendizados, que até então ela só conhecia e absorvia, mesmo com suas dificuldades, por meio do seu círculo familiar.

3.2. Ingresso na educação infantil

Desde a descoberta do diagnóstico, contamos com excelentes profissionais, os quais demonstraram que as terapias clínicas, os apoios e os atendimentos educacionais especializados são de extrema importância para a criança com TEA minimizar os efeitos negativos do transtorno e potencializar suas habilidades, resultando em momentos vitoriosos. O primeiro encontro foi com a "Educação Especial", que chegou no momento mais complicado de nossas vidas, o diagnóstico.

Nesse período, Leonardo apresentava várias características, estereotipias, rituais, e seu sistema sensorial estava totalmente desorganizado em seu cérebro, resultando problemas no seu desenvolvimento, no processamento de informações e no comportamento.

A entrada da criança na escola geralmente causa insegurança aos pais, quando se trata de uma criança com autismo, esse sentimento é potencializado por isso necessita ser bem planejada e acompanhada. Ingressar na educação infantil e ter contato com outras crianças, iniciando-se um trabalho de socialização, trocas e interação, foi muito bom para o Leonardo. Sua matrícula se deu numa escola infantil indicada por sua educadora especial, que o recebeu de forma muito acolhedora e pautada nos princípios da inclusão.

Foi o início de tudo, o caminho para seu desenvolvimento, para o seu despertar.

As primeiras experiências escolares de Leonardo ocorreram com tranquilidade, ele foi aceito e incluído pelas crianças, que não se importavam com suas diferenças comportamentais e o ajudavam quando tinha alguma dificuldade.

Tomada por muita insegurança, a adaptação de Leonardo na escola foi difícil para mim. Permaneci tardes inteiras sentada na escolinha preocupada se ele precisaria de mim ou sentiria minha falta. Durante o percurso da escola até em casa, fazia várias perguntas como: sentiu falta da mamãe? Estava legal a escola hoje? O que vocês fizeram de legal? Brincaram? Brincou com algum amiguinho? E a resposta sempre era a mesma: "Sim!". E o diálogo não fluía. Se eu não perguntasse nada, ele ficaria mudo até em casa.

Passei mais de meses sentada em um banquinho na escola até que a diretora veio, conversou comigo me aconselhando de forma tranquila e empática para que eu fosse para casa, devido ao fato de que Leonardo estava bem e que, se ocorresse algo, ela me chamaria. Fiquei envergonhada e com o coração apertado pois seria a primeira vez que meu filho estaria longe de meus olhos, mas fui para casa.

O tempo foi passando e fui me habituando com a ideia de dividir meu filho com outras pessoas. Isso foi um grande aprendizado para mim e também para o Léo, pois ele começou a conhecer o mundo com seus próprios olhos e não somente pelos meus.

Estávamos passando por uma fase em que Leonardo estava em uma boa escolinha, todos os profissionais que trabalhavam com ele (Educadora Especial, Psicólogo, Fonoaudióloga e Pediatria) faziam um excelente trabalho, tínhamos o apoio familiar muito presente. Todavia, pelo fato de Eduardo estar trabalhando em outra cidade, por causa da aprovação em um concurso, nos levou a tomar a decisão de nos mudarmos para a cidade de Bagé, cerca de 240 km da cidade atual que residíamos, que era Santa Maria.

O receio de mudar de cidade me preocupava muito. Tinha medo de como seria a vida do Leonardo, já que sua rotina estava toda organizada e estava indo muito bem. Mesmo passando por um turbilhão de dúvidas, todavia era necessário estarmos todos juntos.

Em 2011, três anos após a implantação da Política Nacional de Educação Especial na Perspectiva Inclusiva de 2008, era comum as escolas apresentarem desculpas para não aceitar alunos com TEA. Leonardo tinha 5 anos na época, fizemos uma seleção das instituições de Educação Infantil que nos interessaram e agendamos as entrevistas, felizmente encontramos uma escola preocupada com a inclusão.

Dando início à nova vida, Léo começou o ano letivo ingressando em uma turma de idade inferior à sua, a pedido nosso e da educadora especial, pois acreditávamos que as crianças mais novas do que ele o aceitariam melhor e não o deixariam de lado quando vissem que o seu comportamento era diferente, o que dê fato ocorreu e sua inclusão na turma foi muito boa.

Porém, o medo continuava me assombrando, agora com relação aos pais. Será que ficariam temerosos por ter uma criança com autismo na mesma classe que seus filhos? Todavia, quase onze anos depois, uma grande amizade com todos os pais dos colegas do Leonardo se efetivou. Essa relação de respeito e inclusão foi construtiva desde o jardim, nossos filhos continuam juntos, compartilhando a mesma trajetória escolar.

No decorrer dos anos, o comportamento do Leonardo foi mudando. Quando iniciou na escolinha, aos 5 anos, ele era agitado, não conseguia ficar muito tempo em um determinado local, não suportava barulhos altos, gritava, não respeitava regras, não mantinha contato visual e se desorganizava. Era uma fase em que muitas características do autismo estavam afloradas. Devido a essa agitação, ele começou a fazer equoterapia, uma terapia prazerosa para ele e para nós.

Equoterapia é uma terapia multiprofissional e interdisciplinar que ajuda as pessoas com deficiência no aspecto motor e cognitivo, devido ao estímulo da marcha do cavalo. Eliane Baatsch explica os benefícios dessa atividade:

> *A equoterapia é indicada para os Transtornos do Espectro Autista (TEAs), tendo obtido bons resultados na melhora da socialização, interação, noção temporal e espacial, linguagem, organização, diminuição da ansiedade, equilíbrio, coordenação motora e rotina, entre outros.*

Ele teve ótimos resultados com a equoterapia, dado que além de ter trabalhados os déficits relacionados acima, obteve uma melhora significativa em sua integração sensorial e em seu comportamento, despertando também sua parte emocional.

Os cavalos, por serem conhecidos como animais sensíveis e intuitivos, são capazes de perceber as sutis emoções de quem está com ele. São animais magníficos que proporcionam um ambiente acolhedor, oferecendo aos indivíduos autistas uma terapia única e valiosa.

Leonardo praticou a terapia assistida por cavalos em dois momentos. Inicialmente dos 5 aos 7 anos, retomando a prática aos 14 anos. Um fato que marcou Leonardo durante o tempo que esteve afastado foi a grande amizade, cumplicidade e carinho pela Branquinha, nome da égua que montava e que voltou a montar.

Figura 4 – Léo e sua amiga "Branquinha"

Fonte: acervo pessoal da autora

3.3. A chegada no Ensino Fundamental

A cada passagem de ano letivo, agendávamos reunião na escola com professores, mediadores e equipe multidisciplinar para apresentar Leonardo aos novos professores, conversar sobre as mudanças de comportamento manifestadas recentemente, medicações, aprendizagens, objetivos para o ano escolar e adaptações que serão pertinentes. Buscamos, desse modo, estabelecer uma boa relação entre família e escola.

A sensação de poder confiar e sentir-se seguro com relação ao local onde seu filho passará algumas horas longe da proteção das suas asas é importante para os pais e, especialmente, para as crianças. Para que se estabeleça esse sentimento de segurança e tranquilidade, alguns critérios deveriam ser levados em consideração.

Muitas instituições deveriam receber crianças com autismo não somente para demonstrar que são inclusivas, e sim porque fazem de fato um trabalho diferenciado e detalhado para que todos – professores, funcionários, estudantes, coordenação, administração – tenham conhecimento sobre o que é Transtorno do Espectro Autista e, assim, possam desenvolver um ensino consciente, convivendo em harmonia, respeitando as diferenças, as dificuldades e os limites de todos, em razão de que todo ser é único e cada criança aprende de diferentes formas e em diferentes tempos, sendo elas típicas ou atípicas.

Ao me deparar com frases sobre autismo, encontrei uma que, com uma abordagem encantadora, sensível e imaginativa, explora os desafios relacionados ao tempo no processo de aprendizado das crianças, especialmente considerando que o tempo é diferente um dos outros:

Crianças são como borboletas ao vento...
Algumas voam rápido...
Algumas voam pausadamente...
Mas todas voam do seu melhor jeito. Cada uma é
Diferente, cada uma é linda e cada uma é especial.
(CLÍMACO, 2021)

Para que ocorra um bom relacionamento com a comunidade escolar, é preciso que a escola seja democrática, aberta ao diálogo e que realmente envolva-se e transforme a educação.

O planejamento é a base principal de uma escola, por meio dele saberemos as ações que serão realizadas durante o ano letivo e quais os objetivos que devem ser alcançados. Por isso, especificamente para o aluno com alguma especificidade, todos os envolvidos no processo de ensino aprendizagem devem participar de sua construção.

O PEI é um importante instrumento na Educação Inclusiva. Ele é essencial para todas as crianças que apresentam dificuldades ou atraso no desenvolvimento, pois visa planejar e acompanhar, de maneira individualizada, o processo de aprendizagem dos alunos que fazem parte do público-alvo da Educação Especial.

Com relação ao autismo, deve-se fazer uma avaliação detalhada, um levantamento de todas as necessidades desse aluno. Tudo que for descoberto e analisado sobre a criança será de extrema importância para a construção do planejamento escolar.

Deixo aqui um pedido de que as instituições de ensino levem a sério esse planejamento, procurem de fato construir objetivos que venham a ajudar a criança com deficiência e não apenas fazer um "cópia e cola" com o intuito de fazer com que nós, pais, pensemos que a escola está fazendo seu melhor, e que os objetivos traçados por ela serão alcançados com êxito. Não quero e não pretendo generalizar, em razão de que existem sim escolas que se preocupam com um trabalho de inclusão e pretendem de fato construir um planejamento que ajude esse aluno a superar seus limites e déficits.

Para que ocorra a construção de um bom planejamento, visando a inclusão da criança com TEA na escola, deve-se levar em conta algumas questões fundamentais: idade, relato detalhado dos pais sobre a criança, suas potencialidades e habilidades, conhecimentos prévios, quais são seus déficits, comportamentos, características, rotinas, entre outros que serão observados com o tempo de convívio. Cada pessoa com TEA é única, podendo apresentar as mesmas características, mas comportamentos e sintomas diferentes.

Quando penso sobre "inclusão escolar", questiono se realmente ela é aplicada nas escolas. Essa incerteza motivou-me a retomar estudos sobre o assunto e a realizar novas pesquisas para compreender melhor o que é? Como se faz? Quem participa? Como é aplicada? O que se pode fazer para melhorar? Fiquei contente em saber que meus pensamentos seguem a mesma linha da cartilha que encontrei.

Na Cartilha da *Inclusão Escolar: Inclusão baseada em evidência Científicas*, de 2014 no Congresso Aprender Criança, identifiquei recomendações específicas sobre TEA, as quais posso citar:

- *Antes do início do ano letivo, o professor deve definir os objetivos educacionais a serem alcançados, quais os suportes necessários, além de estabelecer critérios objetivos de avaliação.*

- *Adequar o currículo escolar aos alunos com TEA, a partir do estilo cognitivo individual, preocupando-se com a estimulação das funções neuropsicológicas necessárias ao aprendizado. A adequação curricular não significa "simples redução", mas a forma como o conteúdo é apresentado ao aluno em foco.*

- *Garantir ao aluno do TEA acesso ao currículo escolar por meio de adaptações que envolvam materiais adaptados, jogos pedagógicos, uso de imagens, fotos, esquemas, símbolos visuais e ajustes de grande e pequeno porte. Permitir o acesso e uso de materiais e móveis adaptados visando a organização sensorial-motora e adequação postural do aluno com TEA.*

- *Identificar tolerância aos estímulos auditivos, bem como tempo de tolerância durante o aprendizado em sala de aula.*

- *Organizar um sistema de registro individual de desempenho e comportamento que vise retratar o desenvolvimento de cada aluno do TEA com base nos objetivos levantados, que sejam sistematizados com fins estatísticos e levem a reprogramação e avaliação.*

- *Alunos com TEA frequentemente apresentam exagerado apego a rotinas. Dessa forma, o professor deve facilitar a previsibilidade da rotina usando agendas ilustradas, calendários e sequência de atividades, indicando o que vai acontecer e em quais momentos.*

- *Dependendo do grau de exigência, de funcionalidade da criança com TEA, a escola deve oferecer um profissional auxiliar para acompanhar o aluno em sala de aula e demais atividades escolares.*

Essas recomendações resultam em participação, acolhimento, aprendizado e mediação para o aluno com Transtorno do Espectro Autista. Além de levar as escolas a promoverem a inclusão efetiva.

Temos conhecimento dos desafios de envolver os autistas no processo de aprendizagem na escola, pois ele não se limita apenas em inserir a criança em sala de aula, mas envolve construir estratégias pedagógicas que visem e promovam o desenvolvimento do aluno com TEA.

Dessa forma, é indispensável e extremamente importante haver uma conexão entre duas instituições distintas: a família e a escola. A relação entre ambas deve ocorrer em harmonia, visto que o diálogo propiciará um bom trabalho para a criança e resultará em desenvolvimento intelectual, ensino/aprendizagem e afetivo.

Devemos ter em mente que inclusão não é apenas colocar crianças com TEA em salas de aulas regulares e nem fazer com que elas aprendam o que teoricamente todos os outros alunos aprendem, uma vez que deve-se respeitar o limite e o tempo de todos. Assim, a inclusão implica uma série de mudanças institucionais, bem como no funcionamento e na dinâmica de sala de aula.

Para que a inclusão ocorra de fato, deve-se promover mudanças em salas de aulas, é preciso compreender que existem diferentes formas de como ensinar, planejar com antecipação, bem como criar estratégias apresentando diferentes formas de avaliar e passar os conteúdos.

É importante, nesse processo, a criação de um currículo flexível, no qual poderão ocorrer mudanças a qualquer momento. Ele deve conter o que a criança irá aprender, como e quando, quais as formas de organizar esses conteúdos para que sejam acessíveis para o aluno, bem como qual o momento e como avaliá-la. Esses pontos são imprescindíveis para o acolhimento e o desenvolvimento cognitivo de uma criança especial, no caso, uma criança com autismo.

3.4. Estratégias pedagógicas e sociais

Como mãe e pedagoga não atuante, mas dedicada a aprender cada dia mais sobre como ensinar e como fazer com que Leonardo aprenda, irei comentar sobre estratégias de ensino aprendidas no decorrer desses dezesseis anos de envolvimento com o autismo, e também com minha incansável pesquisa e realização de estudos com base em fontes confiáveis.

As respostas que encontrei sobre estratégias de ensino já iniciam com uma mudança na apresentação da atividade proposta pelo professor. Esta deverá oferecer materiais específicos para os alunos em situação de inclusão, criando materiais de qualidade, bem elaborados e adaptados a esse aluno.

O material adaptado não deve ser simplesmente uma improvisação, mas um material criado de forma que o aluno em situação de inclusão possa ter acesso às atividades e ao conteúdo respeitando seu tempo.

Não é fácil para os profissionais de ensino adaptar os conteúdos para alunos especiais, o material deve levar o aluno a compreender e a assimilar o conteúdo apresentado, respeitando seu tempo e os seus limites. Ele também deve levar o aluno a se conectar com as atividades apresentadas. Para isso, são indicados brincadeiras, exercícios e avaliações. É importante que não haja necessidade de que alguém faça o caminho para ele.

Como resultado desse processo de adaptações, desejamos que a criança seja a verdadeira autora de suas atividades e que se encontre, o máximo que puder, inserida em todas as atividades da classe que frequenta. Nesse sentido, a adaptação precisa estar em harmonia com o planejamento do professor, mantendo, sempre que possível, o mesmo conteúdo que está sendo trabalhado em sala de aula.

Sabemos que cada autista é diferente um do outro em seu comportamento, linguagem, estereotipias e aprendizado. Logo, cada um aprende de formas diferentes, e, por esse motivo, a escola com toda sua comunidade escolar deve criar estratégias para ajudar esse aluno a aprender de forma prazerosa e, principalmente, sem estresse.

Deve-se ressaltar que usar estratégias de ensino não significa apenas utilizar suas técnicas e metodologias na aprendizagem, mas sim ajudar o aluno a usufruir dessas técnicas para seu próprio conhecimento. Para a eficácia da mediação, o educador precisa analisar e compreender as situações limitantes que os estudantes com TEA apresentam, decorrentes das áreas mais afetadas (interação social, linguagem e comportamento), bem como procurar descobrir as habilidades que ele apresenta, favorecendo um planejamento de ensino flexível e adaptado contando com recursos didáticos apropriados; o que propiciará a compreensão dos conteúdos curriculares, possibilitando ao aluno os melhores resultados e benefícios.

Outro trecho importantíssimo que devo destacar é que, segundo Vygotsky (1984), o professor, ao mediar a aprendizagem de um aluno com autismo, deve criar possibilidades para que ele esteja envolvido no processo de aprender, consiga se comunicar e compreender o que está sendo ensinado, estabelecendo relações entre os conteúdos trabalhados e a sua realidade. Outra estratégia pedagógica deve ser favorecer o trabalho de pequenos grupos que favoreçam a interação do aluno com autismo, de modo a envolvê-lo no processo de aprender, pois é por meio da interação com os outros que se dá a internalização do conhecimento, isto é, a reconstrução interna dos conteúdos.

Quando observamos que crianças com TEA tem preferência por algum assunto específico, devemos aproveitar e ampliar seu conhecimento explorando ao máximo esse interesse.

"O Autismo é um espectro com habilidades e limitações, mas se o foco for as limitações, nunca enxergaremos as possibilidades. Abra a sua mente!"
(Gretchen Stipp)

Após um tempo observando Leonardo em seus estudos, descobrimos o caminho para levar o conhecimento a ele, utilizando um assunto de sua preferência, como animais, para ensinar outros temas que estarão interligados.

Com essa referência, pode-se, por exemplo, trabalhar a relação entre animais e a natureza, estudando o ambiente em que vivem os animais, o clima em um determinado local, vegetação, ar, água, solo, minerais, desmatamento e a conscientização ambiental, entre tantos outros assuntos. A palavra-chave *animais* seria como um leque, com várias ramificações a serem estudadas, separadas, mas que, no fundo, estão interligadas. E assim, usando outras referências, faremos outros planejamentos para ensinar outros assuntos... Dessa forma, seguiremos ensinando.

É dessa forma que procuro trabalhar com meu filho, planejando detalhadamente assuntos que estejam relacionados com seu interesse; buscando motivação, foco e concentração; acentuando o objetivo principal, a sua aprendizagem.

Em relação às estratégias, a interação entre professor e aluno é sempre importante, ainda mais no caso de crianças autistas que precisam de um olhar especial e atento. Portanto, com o uso de estratégias pedagógicas aplicadas em alunos com TEA na escola, espera-se favorecer sua aprendizagem e também potencializar os desempenhos escolares desses alunos.

A seguir, encontram-se algumas estratégias que poderão ser muito importantes na hora de ensinar crianças com TEA. São elas:

- Investir em atividades que promovam a interação social (dentro da sala de aula ou fora dela).

- Proporcionar trabalhos em dupla ou grupos na sala de aula, promovendo diálogo (propor atividades em grupo é trabalhar a inclusão, diversidade e acessibilidade, resultando em aprendizados para cidadãos melhores para o futuro).

- Utilizar atividades lúdicas na escola, dando preferência por imagens, pois isso potencializará a comunicação.

- Apostar na comunicação visual.

- Adaptar atividades e conteúdos que sejam complicados de serem entendidos (estar atento ao nível de exigência).

- Crianças com autismo normalmente precisam ter uma rotina que garanta previsibilidade ao seu dia a dia, pois assim saberão o que vai acontecer, quais serão as atividades do dia e principalmente se haverá algo de novo ou diferente.

- A antecipação dos acontecimentos ajuda a criança com TEA a se sentir segura.

- Utilize temáticas de interesse da criança (animais, personagens, jogos, filmes etc.).

- A criança com autismo perde facilmente o interesse, portanto, deve-se pensar em uma aula mais atrativa, com mais recursos.

- Quando a jornada de aprendizagem for com crianças pequenas autistas, deve-se procurar por caminhos singulares para ensiná-las e atrair sua atenção (livros com texturas, sonoros, jogos de encaixe, escrita na caixa de areia, modelagem, pinturas, entre outros).

- Ensinar um novo conceito por vez.

- A cada explicação é importante manter-se à frente da criança e dar instruções diretas e objetivas, lembrando que pessoas com autismo têm dificuldades com conceitos abstratos.

- Dar mais atenção ao planejamento de certos conteúdos, através do concreto, utilizando o visual, dado que as pessoas com autismo precisam ver o que está sendo apresentado.

- Deve-se ter o cuidado em não sobrecarregar a criança com atividades que estejam além dos seus limites, podendo assim ocorrer um estresse profundo, uma sobrecarga e uma aversão aos estudos.

- É importante respeitar o tempo e o limite do aluno. Quando estressado/cansado (por uma grande demanda), dê um tempo, deixe-o descansar, não force.

Infelizmente foi uma sobrecarga o que ocorreu com nosso Leonardo, depois de um tempo estando presente em todas as aulas *online* no período da pandemia da COVID-19, permanecendo o turno inteiro sentado, se esforçando muito para prestar atenção em todos os conteúdos que eram oferecidos à turma, mesmo com enorme consideração por parte dos professores que procuravam dar a devida atenção às dificuldades do Leonardo.

No entanto, Leonardo começou a apresentar características de cansaço físico e emocional. Esse período de estudo e aprendizado *online* começou a ficar exaustivo até mesmo para mim, por ter que, em inúmeros momentos, resgatar a atenção do meu filho, prestar atenção nas aulas, apreender conteúdos que havia esquecido, para depois aclarar os conteúdos para que Leonardo compreendesse de uma forma mais simples e objetiva. O resultado foram manhãs esgotantes.

Com o tempo, começamos a perceber que, no momento em que as aulas *online* iniciavam, Leonardo, automaticamente, inicializava com sessões de sonolência dando sequência a um sono profundo, tornando-se sua fuga, uma vez que estudar tornou-se um peso, algo que o desorganizava, o angustiava, não tornando-se mais interessante para ele. Já em outros momentos, nos quais precisava estudar para as atividades avaliativas, resultava um quadro de estresse intenso, chegando a desmaiar algumas vezes, deixando claro que havia desencadeado uma aversão à escola e aos estudos.

E assim, após avaliações médicas, chegou-se ao conhecimento de que Leonardo estava passando por um "estresse pós-traumático". O Transtorno do Estresse Pós-Traumático se apresenta como reação a um evento traumático, mas, no caso do nosso filho, ocorreu uma sobrecarga em sua memória, gerando aflição e ansiedade de eventos indesejáveis para ele, com relação a muitas atividades escolares e conteúdos difíceis de compreender em razão de não estarem adaptados e, como consequência, surgindo uma desorganização emocional.

Esse transtorno causa um grave sofrimento para a pessoa, produzindo uma sobrecarga de estímulos e conhecimentos, afetando de forma significativa a qualidade de vida social e ocupacional.

Logo, o estresse de ensino/aprendizagem poderá ocorrer em todas as crianças, não somente em quem apresenta déficits de comportamento, físico e emocional.

Com a descoberta do estresse pós-traumático que ocorreu com Leonardo, procuramos a instituição de ensino, a qual frequenta, para que juntos (família, escola e profissionais) procurássemos elaborar estratégias urgentes para com ele voltasse a sentir prazer em frequentar a escola e estudar.

O trabalho elaborado e minuciosamente detalhado pelo grupo (família, escola e profissionais da área da saúde) teve como objetivo resgatar o interesse, de forma prazerosa, pelos estudos e pela instituição de ensino, respeitando seus limites, buscando uma linguagem de fácil acesso e com exemplos fundamentados em atividades concretas e circunstâncias reais em seu convívio.

Com base em estudos, todas as crianças aprendem melhor por meio de uma linguagem clara, descomplicada, fácil e que use com exemplos atividades naturais, reais, do dia a dia.

Sendo assim, se usarmos o estímulo certo com um aluno com desatenção, ansiedade, excitação, inquietude e impulsividade, iremos estimular a atenção e a concentração, melhorando o comportamento do indivíduo. Logo, quanto mais trabalharmos com instrumentos e exemplos reais, melhor será a construção de seu significado naquilo que está aprendendo pela primeira vez.

Para a criança com autismo, não é diferente. No entanto, para termos êxito em todo processo destinado a uma criança com TEA na escola, devemos levar em conta a importância de um mediador (cuidador, entre outras nomenclaturas). Ele será um profissional importante no processo pedagógico dessa criança, trabalhando como um elo entre pais, professores e a criança.

3.5. Mediadores e profissionais especializados

O mediador escolar trabalhará auxiliando a aluno com TEA, quando este precisar, em todos os ambientes escolares, principalmente na sala de aula. Ele atuará como um *personal trainer*, estimulando a participação na sala de aula e a comunicação, mediando e ensinando sobre regras sociais. Ele acompanhará a interação social do aluno corrigindo rituais e comportamentos repetitivos e estereotipados, tranquilizando-o quando a criança sentir-se acuada, perdida, com medo, principalmente em momentos de crises, impulsividade e irritabilidade.

É de extrema importância que o mediador escolar faça um registro diário da evolução do aluno. Dessa forma, todos que participam do trabalho do desenvolvimento da criança – como os pais, a equipe multidisciplinar e a escola – podem trabalhar juntos na identificação de situações problemáticas e de comportamentos, para, assim, realizarem adaptações, mudanças e auxílio para nutrir o comportamento do aluno, bem como sua evolução acadêmica.

Outro ponto que gostaria de ressaltar e que considero importantíssimo para esse processo é a ocorrência de encontros regulares entre todos que participam desse trabalho de desenvolvimento escolar (pais, professores e especialistas das terapias com o aluno) mais o mediador, para que possam desenvolver constantes elaborações, metas e mudanças, como implementação de novas estratégias para ajudar o estudante com TEA.

Considero tão importante o trabalho de um mediador escolar no processo de inclusão da criança com TEA na educação, que me dediquei a expressar um pouco do conhecimento que tenho sobre mediação escolar. O mediador escolar é um facilitador para a criança na sala de aula. É a escola quem deve oferecer esse profissional para atuar com a criança, dentro da instituição, sem que seja cobrada qualquer taxa extra aos pais. É um direito garantido por lei à pessoa com deficiência, caso essa precise de auxílio.

Para atuar auxiliando a criança com autismo, o mediador deve obter algumas **informações**, como:

- É necessário saber o que a criança precisa, quais suas dificuldades, limitações e habilidades.

- Tem que conhecer sobre a síndrome da criança, bem como quais as formas de intervenções que estão sendo trabalhadas.

- É importante que o mediador tenha conhecimento do processo de aprendizagem e que auxilie na construção do processo de autonomia dessa criança dentro da escola.

Sobre as **atribuições** de um mediador, destacarei as que penso ser de extrema importância:

- Em primeiro lugar, o mediador deve trabalhar com amor, se doar de coração, ter paciência, empatia e dedicação.

- O mediador deve ser assíduo e pontual, pois ele e a criança terão um vínculo, logo, com a ausência desse profissional, a criança poderá sentir-se perdida, podendo desorganizar-se.

- Ele será a sombra para quando a criança precisar, sendo seu apoio.

- Precisa auxiliar a criança na entrada e na saída.

- Poderá criar materiais específicos para trabalhar com a criança.

- Deverá ser um profissional comprometido nas questões pedagógicas, no processo de ensino aprendizagem e no transtorno da deficiência específica da criança.

- O mediador terá a função de auxílio, ajuda e mediação.

- É necessário que faça a ponte, em relação a interação social, com os colegas de classe.

Ao interpretar os limites da criança, o mediador pode propor ao professor estratégias de ensino, fazendo a ponte entre professor e aluno. O trabalho desse profissional é importantíssimo, tornando-se necessário para decifrar o cenário em que se encontra a criança autista em sala de aula. Ao perceber que a criança não está alcançando o objetivo, que é compreender o que está sendo ensinado pelo professor, o mediador colocará em ação algumas estratégias que poderão ser tomadas para facilitar a aprendizagem dessa criança; não cogitando, em hipótese alguma, mudar a metodologia do professor, mas sim sugerir caminhos para adaptá-la, fazendo com que o aluno decifre o conteúdo com mais clareza, sem que inicie um processo de estresse, prejudicando todo o trabalho até então concebido pela criança.

Destaco aqui algumas propostas que o mediador pode sugerir ao professor, por exemplo, se a criança não consegue aprender da forma como é ensinado aos seus colegas, pode-se adaptar o mesmo ensino, mas de forma diferente. As atividades de avaliação e exercícios, se fossem de outra forma, como em caixa-alta (letras maiúsculas), com espaçamento duplo, seria muito mais fácil para a criança com TEA entender, além disso, promoveria sua autonomia e independência. Os trabalhos em dupla ou em grupo promoveriam uma melhor compreensão para a criança se fosse com alguém que lhe transmita tranquilidade. E, no horário do recreio, o mediador pode atuar sugerindo jogos ou brincadeiras focando a interação social.

Ao conhecer a verdadeira atuação e a extrema importância de um mediador para uma criança especial, um enorme alívio acalentou meu coração. Essa ansiedade, medo, insegurança que nós pais sentimos com relação a outras pessoas, instituições e sociedade está associada a muitos fatos concretos que ouvimos, presenciamos e discutimos.

Ao revelar algumas preocupações, sei que muitos entenderão a insegurança acompanhada de medo que se transforma em um grande sofrimento para nós, pais de pessoas com Transtorno do Espectro Autista, no que se refere ao mundo fora do TEA. Em referência às aflições que sofremos estão as agressões (físicas ou verbais) que nossos filhos podem vir a sofrer por serem diferentes em seus comportamentos e por serem tão puros de coração, não percebendo a maldade que se apresenta de várias formas, por meio de rejeição, preconceito, risos, brincadeiras maldosas, entre outras.

Uma das muitas características do autismo é a dificuldade de compreensão e decodificação de expressões faciais das pessoas, o que pode interferir diretamente no relacionamento social, deixando-os vulneráveis e, como consequência, se tornando alvos fáceis ao bullying e às maldades, nos fazendo aferrar em nossas orações, pedindo proteção aos nossos filhos de todas as maldades que existem nesse mundo tão cruel.

O mediador pode atuar como intermediário das questões sociais e de comportamento, na comunicação e na linguagem, nas atividades e/ou brincadeiras escolares, nas atividades pedagógicas, nas limitações motoras ou de leitura, nos diversos níveis escolares. Ele também atuará em diversos ambientes escolares, tais como a sala de aula, as dependências da escola, no pátio e nos passeios escolares que forem de objetivo social e pedagógico.

Devemos ter a clareza que o professor da classe é o responsável por organizar as ações de todos os alunos. Já o mediador é um parceiro profissional e está na turma para somar.

3.6. Os impactos da Pandemia

Atualmente estamos empenhados em encontrar respostas, esclarecer nossas dúvidas e, assim, ajudar a melhorar o desenvolvimento e a vida do nosso filho. Essa investigação mais apurada, na qual estamos mergulhando, está relacionada à pandemia da COVID-19, que se manifestou em nosso país em março de 2020 e matou milhares de pessoas em todo o mundo.

Com a pandemia e as aulas *online*, comecei a perceber como Leonardo se comportava durante os estudos. Temos conhecimento de seus limites e por isso ele necessita de acompanhamento escolar, já que tem dificuldades de interagir, de se comunicar, de focar-se em atividades que não sejam do seu interesse, procurando sempre imergir em um mundo onde ele se sente protegido de tudo que o estressa e, portanto, acolhido.

Não conseguíamos acompanhá-lo todo o tempo na escola, logo, não tínhamos uma visão completa da sua rotina escolar. Existem sempre aquelas dúvidas que, acredito, ocorrem a todos os pais: será que a escola realmente nos relata o que ocorre dentro de suas portas? Será que a escola está preparada para atender nossas expectativas?

Posso dizer que tivemos sorte, até o momento, quanto ao acolhimento, preocupação e à atenção por parte da escola, que procura se adequar às necessidades do nosso filho. Nós sabemos que não encontraremos a perfeição no que se refere às escolas, mas só o fato de ver o esforço, a dedicação e o carinho que os integrantes da comunidade escolar têm com o Leonardo já nos deixa mais tranquilos.

Sim, existiram e existirão conflitos entre família e escola. Porém, o diálogo deve vir em primeiro lugar para expor nossas aflições e dúvidas e nos ajustar em nome do nosso objetivo principal, que é fazer o melhor para o Leonardo, para o seu desenvolvimento, seu aprendizado e, consequentemente, para sua vida.

No início da pandemia, no ano de 2020, quando Leonardo começou a estudar em casa, percebemos que necessitava de muita ajuda, apoio, incentivo, seu comportamento gritava por socorro para estudar, compreender e assimilar as informações que lhe eram transmitidas.

Assumo que, nesses anos em que Leonardo frequentou a escola, da qual recebia o retorno de que ele progredia e seu desenvolvimento cognitivo era satisfatório, me fizeram relaxar e consequentemente passei a não me preocupar tanto com relação ao seu desempenho e à sua aprendizagem.

Iniciamos os estudos em casa pressupondo que ele conseguiria acompanhar as aulas *online* sozinho, ainda que estivéssemos por perto sempre atentos para quando precisasse de apoio. Entretanto, já de início nos deparamos com uma situação preocupante, em que nosso filho precisava de assistência, visto que não conseguia prestar atenção às aulas, tinha dificuldades em acompanhar as atividades e se dispersava, necessitando ser resgatado na maior parte do tempo. Por várias vezes, o encontrei deitado no chão, com o olhar perdido, enquanto a aula seguia. Foi então que compreendi que Leonardo necessitava de ajuda e suporte para poder conectar-se aos estudos.

Nesse contexto de desinteresse do Léo e preocupada em como resolver o problema que estava diante dos nossos olhos, comecei a passar todas as manhãs sentada ao seu lado, assistindo as aulas *online* com o objetivo de resgatá-lo sempre que se desconectasse.

O segundo passo foi ajudá-lo a se interessar pelas aulas, lhe assessorando no aprendizado dos conteúdos, tornei-me uma aluna da turma e companheira de estudos do meu filho. Desse modo, minhas manhãs eram destinadas somente para auxiliá-lo em suas aulas *online*.

Meu foco inicialmente era aprender ou, melhor dizendo, relembrar os conteúdos que os professores apresentavam; na sequência, adaptava esse conhecimento de forma direta, clara, reduzida, dando ênfase ao que seria mais importante para Leonardo aprender. Além de compreender e adaptar as temáticas, tinha também o cuidado de fazer com que meu filho ficasse interessado pelas explicações dos professores. Isso não era nada fácil, em razão de que Leonardo mergulhava em seu mundo várias vezes pela manhã. Sendo assim, minha atenção precisava ser redobrada para resgatar novamente seu interesse pelas aulas.

Com o passar do tempo, seu comportamento e interesse foram mudando, e surgiram novas estereotipias, sintomas e fugas. Nos momentos em que o estresse atingia seu ápice – que se dava quando, por exemplo, ele se esforçava para conseguir ficar mais tempo atento às aulas para tentar entender e compreender assuntos que não eram de seu interesse, para permanecer por muito tempo sentado e atento à aula –, Leonardo dormia, e, em alguns momentos, chegou mesmo a desmaiar. Assim, descobrimos que nosso filho estava em um quadro de estresse traumático.

O transtorno do estresse pós-traumático (TEPT) surge como resposta da mente a um evento traumático. É um tipo de problema que pode se manifestar depois que a pessoa vivencia algo que o assustou, foi perigoso ou, ainda, acontecimentos estressantes, despertando um gigantesco sofrimento emocional, psicológico e físico. Quando as pessoas passam por situações extremamente estressantes, elas são afetadas de modos diversos. Umas sofrem mais, outras sofrem menos. No caso do Leonardo, suas crises são de muito sofrimento, tanto que se reflete em seu olhar, sua expressão facial e em seu comportamento como um todo. Essas situações mexem muito com seu emocional e com sua cabeça, deixando-o fora do ar, completamente desligado, e fica claro que está pedindo por socorro.

Para saber mais sobre TEPT, pesquisei vários artigos e textos nos quais obtive conhecimento mais detalhado sobre esse transtorno, agregando em minha bagagem de estudos um assunto até então desconhecido. Entre as várias leituras, chamou minha atenção esta afirmação da Dra. Raquel Del Monde (2019, n.p.):

Autistas podem apresentar uma maior vulnerabilidade à ocorrência de eventos traumáticos.
Além disso, algumas características autistas podem estar relacionadas à percepção de determinadas situações como particularmente traumáticas (exclusão social, ser alvo de zombaria ou rejeição, sobrecarga sensorial, mudanças ambientais inesperadas etc.).
A rigidez cognitiva (falta de flexibilidade mental, que é a capacidade do cérebro para adaptar a conduta e opiniões a acontecimentos novos, variáveis e inesperados), ocorrência de pensamentos repetitivos e dificuldades na comunicação e autorregulação também afetam a maneira que os autistas reagem a essas situações, com impacto direto na sua capacidade de tolerar sofrimento e elaborar respostas adaptativas...
Não temos ideia da prevalência de TEPT em autistas, mas, enquanto não tivermos mais estudos e mais respostas, é bom estarmos com as antenas ligadas.

O alto nível de estresse em que se encontrava Leonardo indicava o início de um quadro de total e sofrido desinteresse pelo estudo e, consequentemente, uma aversão a tudo que se referia à escola.

A cada novo dia, eu amanhecia com um aperto no peito, uma aflição misturada com ansiedade, preocupada em como seria o comportamento do meu filho no momento de ligar o computador para o início da aula. Tudo começou a ficar mais difícil e mais intenso, iniciando pelo despertar do Leonardo, que antes era tranquilo e passou a ser complicado, uma vez que seu sono estava cada vez mais pesado, dando a impressão de que não queria acordar. E, quando despertava, já sentindo-se muito cansado, pedia para não assistir à aula; em vários momentos, chegou a ter crises de choro.

Os dias passavam e a aversão à escola aumentava, a ponto de que quando Leonardo sentava-se diante do computador e percebia que a aula iria começar, automaticamente seu semblante mudava. Os olhos começavam a lacrimejar e dava início a sessão de sonolência. Quando me dava conta, ele já estava dormindo em meu ombro, tornando-se difícil acordá-lo.

Em relação a esse novo fato, começamos a fazer alguns testes para descobrir se realmente se tratava de repulsa com relação ao ensino/escola ou se era somente sono incontrolável, já que Léo não suporta acordar cedo. Então, todas as manhãs seguíamos o nosso ritual de costume, preparando-nos para as aulas da escola. No momento em que esperávamos pelo início das atividades escolares, Leonardo estava desperto, mas era só iniciar as atividades que começava a ficar inquieto, abatido e logo dormia, apagava literalmente. Quando o acordava e entregava a ele seu tablet (seu companheiro inseparável, do qual é dependente), automaticamente o sono incontrolável desaparecia e ele despertava, ficando atento e interessado.

Seguimos observando por algum tempo até notarmos que o quadro de sonolência estava se agravando cada vez mais e que ele se estressava logo ao iniciarmos qualquer assunto sobre estudo e escola. Em consequência desse quadro de estresse profundo vieram intensas e preocupantes crises de choro, desmaios, isolamento, apagões e nervosismo, que se reverteram, algumas vezes, em momentos de agressividade e estereotipias mais frequentes e afloradas. Essa situação se agravou até que se constituiu uma completa AVERSÃO a tudo que se referia à escola.

A confirmação da extensão da aversão à escola e aos estudos veio após escutarmos do próprio Leonardo que ele não queria mais estudar e nem ir à escola. Nunca imaginamos que uma bomba como essa cairia de paraquedas em nosso colo. Inicialmente, ficamos sem saber o que fazer, imaginando que essa situação seria passageira e que Léo voltaria a querer frequentar as aulas. Mas isso não ocorreu! Seu desinteresse aumentou com uma velocidade incrível, a ponto de não poder ver o computador ligado.

Dessa forma, concluímos que nosso filho não queria e não tinha mais condições de estudar. Chegamos a pensar em desistir e tirá-lo da escola. Passamos, nos anos de 2020 e 2021, por momentos de muita angústia, tristeza e incertezas sobre o que fazer para ajudar Leonardo; estávamos também em sofrimento, visto que consideramos a educação de extrema importância para o ser humano. Chegamos a pensar que havíamos perdido a guerra para o autismo.

Até que surgiu uma luz, um caminho, e a esperança de reverter esse quadro de total desinteresse do Leonardo com relação aos estudos e à escola: a língua inglesa. Refletimos e concluímos que o inglês, sua língua de convívio diário, poderia ser a nossa esperança para resgatar o interesse de nosso filho pelas atividades escolares. Afinal, como já comentei, a língua inglesa é o principal meio de conexão, de interação e de comunicação do Leonardo com o mundo.

Portanto, se Leonardo pensa e raciocina com a língua inglesa, esse será o caminho para ajudá-lo a conectar-se com o nosso mundo. A partir desse momento, nossa vida teve uma mudança radical, de uma hora para outra, começamos a pensar e organizar nossos pensamentos para estruturar a rotina do Léo.

Primeiramente iniciamos a procura por profissionais, que rapidamente fizeram uma avaliação minuciosa e detalhada de Leonardo, chegando à conclusão que ele apresentava, no momento, déficits em seu comportamento, desenvolvimento e cognição, os quais deveriam ser trabalhados com o objetivo de superá-los para que nosso filho pudesse ter uma vida melhor e mais independente.

Uma das principais dificuldades de nosso filho e que nos deixa apreensivos com relação a seu futuro é a sua linguagem e capacidade de comunicação. De acordo com a observação e avaliação dialógica de profissionais especializados, existe uma descontextualização, dificuldade de permanência no tema, perseverança de determinados assuntos, discurso truncado e muitas vezes disfuncional.

Segundo a avaliação, Leonardo fala repetidamente sobre assuntos que podem não interessar aos outros, pronuncia palavras de forma excessivamente exata ou teatral, passa informações excessivamente precisas, comunica-se bem com adultos que conhece, porém tem dificuldade em comunicar-se com outras pessoas, de manter contato visual e em expressão facial.

Outro ponto a ser destacado, e que está sendo trabalhado, é com relação à construção de textos de forma autônoma. Leonardo, precisa constantemente do auxílio de um adulto para organizar os fatos e só assim consegue elaborar um texto compreensível e harmonioso.

AUTISMO, FAMÍLIA E INCLUSÃO: DESAFIOS E POSSIBILIDADES

Ainda sobre o comportamento, meu filho enfrenta desafios ao engajar-se em atividades que exigem esforço mental e na resolução de problemas cotidianos simples, de manter sua atenção, dificuldade de interação social devido a interesses restritos, apresentando comportamentos imaturos, dificuldade de leitura do ambiente para tentar modular seu comportamento, entre outros déficits que já foram expostos antes.

Capítulo 4

CRESCIMENTO PESSOAL E TRANSFORMAÇÃO

4.1. Descobertas e Superações: Uma Jornada de Surpresas

Embarcamos no ano de 2021 com o coração repleto de esperança e, para nossa imensa alegria, foi um período de incríveis descobertas e triunfos. Nesse ano desvendamos o dom da memória fotográfica de Leonardo. O seu cérebro tem a capacidade de registrar tudo que desperta seu interesse, tornando-se um tesouro inesquecível; e aquilo que não lhe parece cativante, simplesmente, é deixado de lado. Essa revelação sobre o funcionamento singular do cérebro de nosso filho nos proporciona uma compreensão mais profunda sobre sua forma de aprendizado e os motivos pelos quais ele assimila certos temas e outros não.

As informações e os esclarecimentos que obtivemos ao longo desses últimos anos têm sido a bússola que nos guia na busca por soluções e estratégias que auxiliem o progresso do Leonardo em sua jornada de desenvolvimento global e cognitivo. Cada aprendizado nos permite redesenhar caminhos e moldar um futuro ainda melhor para ele.

Nossa família continua a trilhar essa jornada repleta de descobertas e superações, encarando cada desafio como uma oportunidade para cultivar o potencial do Léo. Nós estamos certos de que conseguiremos abrir portas e desvendar um caminho repleto de oportunidades e sucesso, melhorando a qualidade de vida dele.

Existem momentos em que pessoas com TEA precisam estar em um mundo que é só seu, como se ninguém estivesse ao seu redor, trata-se de um momento muito importante para eles e que deve ser respeitado, pois é quando se organizam; visto que processam muitas informações ao mesmo tempo e isso os deixa estressados. No entanto, após estruturar seus pensamentos, eles poderão sentir-se mais tranquilos, aliviados, sem estresse, e assim novas conexões serão aceitas.

O Transtorno do Espectro Autista nos oferece uma lição preciosa, revelando que devemos acompanhar limites e não transpor fronteiras. Aprendemos a promover o tempo de atenção, a compreensão e a participação, enquanto buscamos de forma clara e direta promover um desenvolvimento cognitivo aprimorado para a pessoa com autismo.

Uma certeza é indubitável: quando um autista sorri, revela-nos um dom sobrenatural capaz de cativar a todos, inundando nossos corações de alegria e contagiando a todos que o cercam, assim é o Leonardo. Em seu ser, habita apenas bondade, sinceridade, simplicidade, carisma e pureza.

O tempo vai passando e Leonardo vai nos mostrando o quanto é especial e que desbrava com muito êxito outros caminhos, por exemplo, certa vez em que solicitaram que ele escrevesse sua autobiografia para um livro escolar, ele fez uma profunda reflexão sobre si mesmo, sua vida, as pessoas que o cercam e o vasto mundo que o aguardava além dos limites conhecidos. Com serenidade, Léo escreveu:

Sou um menino lindo e muito inteligente, sei que sou um pouco diferente das outras pessoas (no sentido de ser distanciado dos padrões normais), e minha mãe me explicou que sou uma pessoa muito inteligente. Sou um menino bom e não tenho maldade nesse mundo.

Amo toda minha família. Meus pais são tudo para mim, são minha vida. Meu pai é professor e pesquisador e é muito inteligente; minha mãe é professora e largou tudo para cuidar de mim e do meu irmão. Minha mãe é muito linda, boa e cuida muito bem de nós. Sei que sou muito amado por toda minha família.

Sou um menino que gosto muito de passar o tempo vendo "meu tablet" e envolvido com meus brinquedos. Gosto e sou muito bom em inglês.

Tenho dois grandes amigos: meu irmão e meu coelhinho de pano, que ganhei quando era bebê da minha tia, e que me acompanha até hoje, pois me sinto seguro e tranquilo com ele.

Sonho em ser um super-herói, assim posso salvar as pessoas do mal.

Atualmente, Leonardo alimenta sonhos grandiosos para o seu futuro. Quando questionado sobre o que deseja alcançar na vida adulta, ele revela sua desenvoltura em explorar o mundo, desvendar seus segredos e maravilhas. Seu coração anseia por conhecer os animais em seu habitat natural e, até mesmo, criar uma ilha encantadora, onde um parque de diversões será o epicentro da alegria universal. Em sua visão, esse lugar será um refúgio de felicidade, onde as pessoas encontrarão diversão e plenitude. Sua imaginação vai além, se estende à criação de animatrônicos – dispositivos robóticos concebidos para imitar a vida em todas as suas formas. Entre seus desejos mais profundos, Leonardo compartilha a aspiração de decifrar uma fórmula para a vida eterna. O temor da palavra "morte" desperta o desejo de buscar solução para essa efemeridade da existência humana.

Ainda sobre a participação no projeto da criação de um livro da turma da escola, Leonardo escreveu uma aventura que é um verdadeiro reflexo de sua mente criativa. Com habilidade única, ele deu vida a personagens e cenários tecendo uma trama envolvente que transporta os leitores para além das fronteiras da imaginação. Essa conquista é apenas uma entre tantas vitórias que meu filho alcançou, demonstrando o poder de sua criatividade como uma ferramenta para expressar suas ideias e emoções.

O livro foi um lindo projeto elaborado para as 5ª séries da escola que Leonardo frequenta e que possibilita a cada aluno a descoberta da escrita literária. O livro é **Confabulando com Autores Fabulosos**, v. 8, de 2018 (na época Léo tinha 11 anos), do Colégio Nossa Senhora Auxiliadora, Bagé (RS).

Figura 5 - História criada pelo Léo

Fonte: Moreira (2018, p. 31)

Esse lindo e emocionante trabalho é a soma de muito esforço, carinho e dedicação por parte de todos os envolvidos no processo de desenvolvimento motor, cognitivo, emocional e comunicativo do Leonardo.

4.2. Retrato da Situação atual e Progresso Alcançado

Dentro da jornada de Leonardo, cada passo é uma nova descoberta e quando superado representa um avanço significativo. Neste capítulo, mergulhamos ainda mais fundo na trajetória do nosso protagonista, no caso o Léo, onde traçamos um panorama dos momentos atuais e das conquistas ao longo de sua jornada. Veremos seu esforço e o resultado de sua evolução, intervenções, apoio e dedicação de todos que o cercam.

Leonardo, aos 16 anos, é um jovem notável, repleto de beleza, carinho e inteligência. Sua essência é marcada pela bondade, pois ele não compreende nem conhece a maldade deste mundo. Em casa, é comum vê-lo dedicando a maior parte do seu tempo ao tablet, acompanhado do seu inseparável coelho de pano, que ele considera seu amigo, sua fonte de segurança e tranquilidade. Ele o acompanha desde seus 18 meses de idade e quando afastado, uma mistura de tristeza o envolve, pois necessita da presença reconfortante do seu querido amigo por perto. Essa característica demonstra a importância do coelho de pano como uma âncora emocional para Leonardo.

Figura 6 - Léo e seu amigo inseparável

Fonte: acervo pessoal da autora

Outra característica marcante na vida de Leonardo é a sua peculiaridade na interação social, preferindo passar o tempo sozinho e se isolando. Manter um diálogo contínuo com ele é um desafio, pois exigirá iniciar uma conversa por conta própria. A menos que lhe façamos perguntas diretas, ele provavelmente permanecerá em silêncio. No entanto, se tocarmos em um assunto que lhe interessa, ele sairá de seu isolamento ansioso para compartilhar suas descobertas demonstrando grande confiança e conhecimento.

Seu tablet é a ferramenta favorita para pesquisas em vídeo sobre assuntos que o intrigam. Passa a maior parte do seu dia assistindo a documentários, séries, curiosidades e aventuras, principalmente em inglês, sobre animais, curiosidades naturais e fenômenos cósmicos. Ele busca investigar temas que o fascinam, como o Egito e as pirâmides, alimentando sua curiosidade sobre múmias e seu processo de criação. Também dedica tempo a assistir a programas infantis, revisitando desenhos que costumava assistir quando era mais novo.

Léo, um adolescente autista, traz consigo uma jornada repleta de desenvolvimento e superação. Seus interesses e paixões expressam um mundo único e fascinante. Entre os filmes, ele se encanta pelos clássicos em preto e branco, como *Drácula, Frankenstein, King-Kong* e *Godzilla*.

No caminho do desenvolvimento de uma pessoa com autismo, um ambiente comunicativo, prazeroso e estimulante deve ser fundamental. Nesse sentido, a família exerce uma importância vital, oferecendo apoio, incentivo, auxílio e suporte na comunicação desse indivíduo. Estar atento aos sinais ou situações do cotidiano é crucial para criar oportunidades de diálogo, como aproveitar para conversar sobre obras cinematográficas. Ainda, é essencial evitar sobrecargas que possam causar emoções, valorizando cada momento de interação e construindo uma base sólida para o desenvolvimento do Léo.

A história de superação e inteligência de Leonardo é uma fonte inspiradora de descobertas e conquistas. Sua habilidade com a língua inglesa e seu fascínio pela biologia abriram as portas para um mundo de conhecimento além das fronteiras. Movido por sua curiosidade inesgotável, Léo embarcou em uma jornada de aprendizado por meio de cursos virtuais em renomadas universidades estrangeiras.

Por meio da plataforma Coursera, ele encontrou o curso *Bugs 101: Insect-Human Interactions*, oferecido pela University of Alberta, no Canadá. Com dedicação e brilho, Leonardo concluiu o curso e recebeu seu primeiro certificado em 23 de novembro de 2021.

Após essa conquista impressionante, prosseguiu sua trajetória de aprendizado, mergulhando em cursos oferecidos pela University of Alberta. Ele concluiu com êxito mais dois cursos: *Paleontology: Early Vertebrate Evolution* e *Dino 101: Dinosaur Paleobiology*. Sua curiosidade e dedicação desvendaram os segredos da evolução vertebrada e fascinante Paleobiologia dos dinossauros. Além disso, Leonardo expandiu seus horizontes educacionais por meio do curso *Life, Health and Radiation,* oferecido pela University of Sydney.

O autismo reserva surpresas inesperadas, no caso do Léo, em 2021, uma nova descoberta iluminou seu caminho: ele começou a explorar o mundo do teclado revelando um talento para a música e um ouvido absoluto. Após uma investigação mais aprofundada, confirmou-se um dom que lhe permite absorver informações com apenas uma exposição. Se o conteúdo for traduzido em inglês, sua compreensão se torna ainda mais refinada e ágil. Essa forma de memória impulsionou seu progresso nas duas áreas que atualmente cativam sua atenção: a música e o idioma inglês. A cada passo adiante, testemunhamos seu aprimoramento nessas esferas, uma verdadeira sinfonia de talento e aprendizado revelando suas altas habilidades.

O que poderia ser **altas habilidades** em uma pessoa com autismo? Segundo Mendonça e Silva (2019), altas habilidades é quando a pessoa tem um desempenho elevado em alguma área – artes, psicomotricidade, assuntos acadêmicos, criatividades, liderança. Logo, ela apresentará um coeficiente de inteligência (QI) bem acima do normal, ainda que tenha algumas limitações. Muitos autistas apresentam a capacidade de memorização ou o processamento mental até superior do consideramos normal.

É de suma importância ressaltar que o simples fato de uma pessoa manifestar um desempenho excepcional em determinada área não implica em sua excelência em todos os aspectos. Leonardo pode ser bom no domínio do inglês e no teclado, mas em outras áreas apresenta grandes desafios, evidenciando suas limitações, precisando de apoio. Portanto, como família devemos observar, desde os primeiros passos, a evolução de nossos filhos: suas dificuldades, suas habilidades, tudo aquilo que moldar o seu ser. Se ficarmos atentos desde o início, ampliaremos consideravelmente as chances de lhes proporcionar um bom desenvolvimento e uma existência repleta de felicidade.

Como pais atentos aos marcos evolutivos que pontuam a trajetória de nossos filhos, precisamos compreender o que se espera deles em cada fase de crescimento, principalmente no que diz respeito ao seu comportamento. E quando algo parecer estranho é o momento de ligar a luz de alerta e procurar por auxílio de um profissional de saúde. Devemos estar sempre vigilantes a cada pequeno acontecimento na vida dos nossos filhos, pois prevenção é a chave para tudo.

Capítulo 5

PALAVRAS DOS CORAÇÕES AUTISTAS: O QUE LEONARDO E EU (MÃE) GOSTARÍAMOS QUE VOCÊ SOUBESSE

Neste capítulo, abriremos um espaço especial para expressar as palavras que os corações autistas anseiam que sejam ouvidas. Aqui, compartilharemos frases inspiradoras, na experiência de Leonardo e na vivência como mãe, aliadas aos conhecimentos teórico e profissional. Essas frases, que ecoam na alma dos autistas, desejam transmitir uma compreensão mais profunda sobre suas realidades e oferecer um vislumbre da forma como veem o mundo ao seu redor.

Ao entrarmos nesse diálogo, espero promover uma maior empatia em um ambiente de inclusão, onde se possa encontrar uma conexão verdadeira com desejo que os autistas querem que suas vozes sejam ouvidas.

1. "A forma de expressão de uma pessoa com TEA pode ser única, mas sua voz é tão valiosa quanto qualquer outra."

2. "Lidar com mudanças repentinas pode ser desafiador e muito difícil. No entanto, uma transição suave e uma explicação clara e direta sem rodeos pode ajudar."

3. "Nunca subestime as habilidades e o potencial de uma pessoa com autismo. Ela pode surpreendê-lo com seu talento e capacidade."

4. "Autismo não é contagioso, não se pega estando perto da pessoa, não é uma doença, é uma condição de vida que afeta a interação social, o comportamento e a comunicação."

5. "É fundamental exercer paciência e compreensão ao interagir com um autista. Conceda-o tempo necessário para poder processar e responder, pois não é sempre que as palavras irão fluir imediatamente."

6. "A pessoa com autismo não é apenas um diagnóstico. São seres humanos com sonhos, aspirações e emoções, assim como qualquer outra pessoa."

7. "Não precisa ser um grande estudioso para saber como agir com um autista. Você só precisa ter um bom coração!"

8. "Pessoas com autismo são pensadores visuais, processam visualmente todo tipo de informação. Por esse motivo aprendem melhor com imagens (fotos, desenhos, filmes etc.)."

9. "Por trás de um autista, que não tem cara de autista, existe muita luta, trabalho, esforço, então, por favor, menos ignorância e mais respeito."

10. "Quando um autista caminha de um lado para outro, emitindo sons ou outras tantas estereotipias diferentes, não estão 'loucos', mas sim organizando seus pensamentos, visto que o bombardeio de informações recebidas causa ansiedade e estresse."

11. "Não se deve dizer para um autista que ele deve se esforçar mais, pois isso poderá deixá-lo triste, desorientado, visto que ele pode ter dado o seu melhor. Procure entender e compreender o que está ocorrendo e, se necessário, faça adaptação do assunto a ser ensinado, não exija, e sim procure de todas as formas ensinar, não force."

12. "Com relação à sociabilidade, fazer amigos, conversar com as pessoas, o que ocorre é que o autista não tem iniciativa de ter contato com alguém, mas isso não quer dizer que ele não queira interagir com o outro. A pessoa no espectro vai ter que lutar com todos os estímulos, com toda a pressão

de tantas coisas acontecendo ao mesmo tempo para depois socializar. Então, tenha a iniciativa do contato com essa pessoa que está no espectro autista."

Entre "tantas" outras...

Essas frases são apenas "algumas" entre muitas que pessoas com autismo gostariam de espalhar por esse mundo a fora, pedindo apenas empatia e respeito.

REFERÊNCIAS

CAIO ABUJADI – Programa Especial. **Youtube**, 30 jun. 2014. Disponível em: https://www.youtube.com/watch?v=Ho1N6zsfX6A. Acesso em: 12 set. 2021.

ALVES, R. Todo jardim começa com um sonho de [...]. **Pensador**. Disponível em: https://www.pensador.com/frase/MjMwNzgz. Acesso em: 4 jul. 2021.

ALVES, R. J. R.; NAKANO, T. C. A dupla-excepcionalidade: relações entre altas habilidades/superdotação com síndrome de Asperger, transtorno de déficit de atenção e hiperatividade e transtornos de aprendizagem. **Revista Psicopedagogia**, [s. l.], v. 32, n. 99, p. 346-360 2015. Disponível em: https://pepsic.bvsalud.org/scielo,php?script=sci_arttext&pid=S0103848620150003000008&lng=pt&nrm=iso. Acesso em: 13 jul. 2022.

ARAGÃO, D. Autismo em palavras. **Instituto Priorit**, 15 jun. 2017. Disponível em: https://www.facebook.com/autismoempalavras/posts/2307608749464581. Acesso em: 15 jun. 2021.

ARRUDA, A. M.; ALMEIDA, M. de. (coord.). **Cartilha da inclusão escolar**: inclusão baseada em evidências científicas. Ribeirão Preto: Instituto Paradigma, 2014.

ATIVIDADES que estimulam a aprendizagem. **Neuro Conecta**, 12 out. 2022. Disponível em: https://neuroconecta.com.br/atividades-que-estimulam-a-aprendizagem/. Acesso em: 3 dez. 2022.

BAATSCH, E. Os benefícios da equoterapia para pessoas com autismo. **Portal Acesse**. Disponível em: https://www.portalacesse.com.br/o-autismo-e-a-equoterapia/. Acesso em: 24 out. 2022.

BANDEIRA, G. Hipersensibilidade: autistas e a perturbação com fogos de artifício. **Genial Care,** 2021. Disponível em: genialcare.br/blog/hipersensibilidade – autismo/. Acesso em: 2 jul. 2022.

BUTTERFIELD, L. Os autistas são como as borboletas, o [...]. **Pensador.** Disponível em: https://www.pensador.com/frase/MjUyNzYzNNw. Acesso em: 16 set. 2021.

CLÍMACO, I. Crianças... São como borboletas [...]. **Pensador.** Disponível em: https://www.pensador.com/frase/MjEzMDE5NQ/. Acesso em: 16 set. 2021.

COMISSÃO DE DEFESA DOS DIREITOS DA PESSOA COM AUTISMO. **Cartilha dos direitos da pessoa com autismo.** Brasília: OABDF, 2015. Disponível em: https://www.oabdf.org.br/wp-content/uploads/2015/09/ CartilhadosDireitosdaPessoacomAutismo.pdf. Acesso em: 4 set. 2022.

COUTINHO, T. Data marca Conscientização Mundial sobre o autismo. Disponível em: https://notícias.cancaonova.com > brasil >autismo – dat. Acesso em: 9 jul. 2023.

DEL MONDE, R. Transtorno de Estresse Pós-Traumático e Autismo. 4 jul. 2019. Disponível em: https://www.facebook.com/photo/?fbi-d=847784165592705&set=a.581671572203967. Acesso em: 11 ago. 2021.

DEL MONDE, R. Transtorno de Estresse Pós-Traumático e Autismo. **Raquel Del Monde**, 2020. Disponível em: https://raqueldelmonde.com. br/transtorno-de-estresse-pos-traumatico-e-autismo/. Acesso em: 11 ago. 2021.

DIFERENÇAS entre Birras e Crises. **Neuro Conecta**, 7 ago. 2020. Disponível em: https://neuroconecta.com.br/diferen-cas-entre-birras-e-crises/#:~:text=As%20birras%20desaparecem%20 lentamente%20quando,depois%20de%20um%20desgaste%20emocional. Acesso em: 9 abr. 2022.

LUNA, G. Frases Inspiradoras para o dia Internacional do Autismo. 2 abril 2022. Disponível em: https://interioir.ne10 uol.com.br>notícias>2022/4. Acesso em: 18 abr. 2022.

MANUAL DIAGNÓSTICO E ESTATÍSTICO DE TRANSTORNOS MENTAIS: **DSM V**, 2013. Acesso em: 4 set. 2022.

MELLO, A. M. S. R. de. **Autismo**: guia prático. 4. ed. São Paulo: AMA; Brasília: CORDE, 2005. 103p.

MENDONÇA, V.; SILVA, S. S. Autismo – Altas Habilidades ou Superdotação. **Mundo Autista**, 28 abr. 2019. Disponível em: https://omundoautista. uai.com.br/altas-habilidades-ou-superdotacao-mito-ou-verdade/. Acesso em: 2 maio 2022.

MONTEIRO, F. A Seletividade alimentar e o autismo. **Tismoo**. Disponível em: https://tismoo.us/saude/rotina/alimentacao-da-crianca-com-autismo-seletividade-alimentar/#:~:text=Fato%20que%20pode%20ser%20comprovado,%25)%20e%20temperatura%20(22%25). Acesso em: 11 abr. 2021.

MOREIRA, L. G. **Confabulando com Autores Fabulosos**. Bagé: Colégio Nossa Senhora Auxiliadora, 2018. v. 8. p. 30-31.

O QUE é autismo? Marcos e realidade. **Autismo e Realidade**. Disponível em: https://autismoerealidade.org.br/o-que-e-o-autismo/marcos-historicos/. Acesso em: 11 abr. 2021.

SILVA, A. B. B.; GAIATO, M. B.; REVELES, L. T. **Mundo singular**: entenda o autismo. Rio de Janeiro: Fontanar, 2012.

STIPP, G. O Autismo é um espectro com habilidades e limitações, mas [...]. **KDFRASE**. Disponível em: https://kdfrases.com/usuario/Gretchen/frase/211649/. Acesso em: 14 set. 2022.

TEIXEIRA, G. **Manual do autismo**: guia dos pais para o tratamento completo. Rio de Janeiro: Best. Seller, 2016.

TEORIA de Vygotsky: como os alunos aprendem? **Jornada Edu**, 26 jul. 2019. Disponível em: https://jornadaedu.com.br/praticas-pedagogicas/teoria-de-vygotsky/#O_que_diz_a_teoria_de_Vygotsky/. Acesso em: 7 abr. 2022.

VYGOTSKY, L. **A formação social da mente**. São Paulo: Martins